SUCCESS CUBE

サクセスキューブ

このフレームワークで
あなたも必ず成功できる

石井友二
ISHII TOMOJI

幻冬舎

プロローグ

誰もが心のどこかで「もっとうまくやりたい」「成功したい」と思っています。

しかし、「成功とはどのようなものなのか」を明確に説明できる人は、それほど多くないのではないでしょうか。

世の中には、さまざまな角度から書かれた「成功」についての解説書やノウハウ本が数多く出版されています。

しかし、本に書かれているノウハウが実感をもって整理できず、いざ自分が具体化しようとすると、やはりうまくできない。そんな経験をもった人は少なくないと思います。

いくら本を読み、成功体験を聞いて「成功の方法」を学んでも、具体化できなければ役に立ちません。

そもそも、成功について書かれた書籍の多くは、「事業に成功すること、社会的に一定以上の地位を得ること」を成功として取り扱っています。

このような定義で語られると、成功の範囲がとても狭められてしまいます。

本当の成功とはどのようなことをいうのか。どのようにすれば成功できるのか。もう少し短いスパンで成功を定義し直すとともに、日々の生活のなかで、できるだけ多くの人が成功できる具体的かつ簡単なロジックを、誰にでもわかりやすいかたちで提供する必要があります。

私は、成功とは「思いを信念に変えて、技術や人間力を身につけ、コミュニケーションをとりながら行動し、満足をもって思いを成し遂げ、達成感を得ること」であると、多くの優れた経営者やビジネスパーソンから学びました。

誰もがこのようになれたらと思うであろう、躍動し、イキイキと仕事をして誰かの役に立ち、幸せに人生を謳歌している人たちです。彼らの生き方そのものが成功です。

そこで本書では、
成功＝思い×信念×技術×人間力×コミュニケーション×達成感
としています（成功の6要件）。

「人が努力をして、決めた目標が達成できたときに、自分が満足することができれば成功であるし、満足できなければまだ成功ではない」というのが、わかりやすい表現です。

成功したことを、ある人からは成功であると評価され、ある人からは評価されないということはあるかもしれません。

しかし、成功は、まずは主観的、かつ個別に捉えることが必要であり、客観的な評価とは必ずしも一致しません。十分な情報をもって評価をしていない他者から、とやかくいわれることではないのです。そもそも、他者から評価されることをもって成功した、ということには疑問があります。自分がどう生きたのか、満足できたのかに成功の軸を置かなければなりません。

したがって、たとえ他者から成功だと評価されても、自分が心から満足することができていなければ成功したことにはなりません。

人生では、最終的には他者から評価されなければならないことが多いとしても、後悔のない生き方をするためには、まずは自分が満足し、達成感を得ることが優先すると考えています。

もちろん、行うべきことを行わず、成果も挙がっていないのに満足してしまえばそれは自己満足であり、成功ではありません。

決めたことを達成するために、やるべきことをやって結果を出し、達成感をもって心から満足できる、そんな成功を積み重ねていくことでその人の成長があり、その結果として他者からも評価され、納得できる幸せな人生を送ることができるのです。

自分ができることをどのように達成していくのか。そのことで自信を得て、向上心をもち、次の目標をどのように設定していくのか。このテーマを本書では扱います。

なお、成功を、再現性が高く身近なものとしていくためには、成功の枠組み（フレームワーク）が必要です。

何かを行ったときに、あるときには成功し、あるときには成功しないというのであれば、普遍性のある成功のための方法ということはできません。少なくともこれを行えば成功できるという確信がなければ、成功し続けることはできないのです。

本書では、6要件から成立する「成功」をよりわかりやすく、日々使えるものとするために、誰でも知っているサイコロを使います。サイコロ（キューブ）は古代から遊具や神具として使われてきた立方体です。

サイコロには6つの面があります。

あるとき私は、サイコロの各面に振られている数字が、「思い」「信念」「技術」「人間力」「コミュニケーション」「達成感」という成功の6要件を見事に表現していること、サイコロが何かを成し遂げるための不思議な力をもっていることに気づきました。

そこで、この不思議な力をもったサイコロをサクセスキューブ（成功をもたらすキューブ）と名づけ、キューブのもつ6面の意味や役割を明らかにしていきます。

そして、サクセスキューブの各面をイメージして、一つひとつの面を組み立てるように行動し、立方体をつくりあげることで成功が得られることを説明します。難しかった成功への道筋がわかりやすくなり、明確な行動ルールをもって物事に対処できるようになります。

人はサクセスキューブによって自分を方向づけ、サクセスキューブをつくるプロセスにおいて必ず成長できます。

誰にでも理解でき、使えるサイコロ（キューブ）による簡単な仮説（フレームワーク）を示すことで、人が成功するための新しい考え方である「サクセスキューブのつくり方」を提供することが本書の目的の一つです。

また、本書では「人の器」についても説明していきます。

人の器を、その人が生まれながらにもっている立方体の箱だとすれば、その器もキューブ（＝人生のキューブ）です。

人それぞれ大きさの違った器をもって生まれてきますが、この器のなかにつくりあげたサクセスキューブを収めて、人生のキューブを埋めていくことや、収めるサクセスキューブの数を増やして人生のキューブを膨らませていくことが、人生を充実させるキーポイントであり、人生そのものであると考えています。

なお、日々意識するしないにかかわらず、人はいつか必ず人生の終焉を迎えます。そのときまでに、人生のキューブをサクセスキューブで埋め尽くし、さらに大きくしていくことは、誰にでも与えられた権利です。

サクセスキューブを意識したときから、成功のための最善の方法を身につけることができます。自分の人生のキューブを認識したうえで、それをサクセスキューブで埋め、そして広げていくことで、達成感のある人生を送るとともに、自分の殻を破って新しい自分をつくることができると説明するのが、本書の2つ目の目的です。

さらに、本書では人そのものがサクセスキューブを体現していること、かつ会社もサクセスキューブの考え方で成果を挙げられることにも触れ、サクセスキューブによって運命をつくり、夢をかなえていくことを説明しています。

自分の身体も組織もサクセスキューブなんだということがわかれば、より一層サクセスキューブを身近なものと感じて、行動しやすくなるでしょう。

成功の本当の意味を理解し、サクセスキューブのつくり方をわかっている人や、自分の器を認識し、器を大きくしていきたいと願う人と、そうではない人とでは、日々の過ごし方が大きく異なってきます。

毎日の取り組みによる違いは小さなものであったとしても、長い間には驚くような違いが生まれてしまいます。

老若男女を問わず、誰でもサクセスキューブの存在を理解することができます。6つの面をもつサクセスキューブの各面を成長させることに日々意識を振り向けてください。

サクセスキューブを自分のものとして、その要件を意識しながら行動すれば、人は思い通りの人生を生きられて幸せになれます。そうした人生を歩むあなたと触れ合うすべての人々は、きっと温かい気持ちになれるでしょう。

最期までサクセスキューブをつくり続け、自分がもって生まれた器（＝人生のキューブ）をサクセスキューブで埋めながら、ともに人生を変える挑戦をしていきましょう。

それでは、これから誰でも成功できる「サクセスキューブのつくり方」をお話しすることにします。

サクセスキューブ 目次

第2章 成功するための6つの要件【サクセスキューブ基礎編】

第3章 サクセスキューブを身につける【サクセスキューブ解説編】

第4章 サクセスキューブを使いこなす【サクセスキューブ実践編】

第5章 人生のサクセスキューブ

カバーデザイン 秦 浩司（hatagram）
イラスト（P189・205・241・247） 梶浦ゆみこ
本文デザイン・図版・DTP 美創

第1章

成功のフレームワーク

【サクセスキューブとは何か】

1 本当の成功とは何か

1 人はうまくやりたいと思う

赤ちゃんは、泣くことで抱っこしてもらったり、ミルクがもらえたりすることを自然に学びます。少し成長して自我が芽生えてくると、個人差はあるものの、周囲の目を気にしはじめ、何かをうまくやるために愛想を振りまくこともあります。

幼稚園に入る頃には、親兄弟、親戚、先生や同級生の期待に応えて褒められることが嬉しくなり、うまくやりたいという意識はさらに強まります。お遊戯会や運動会など特別な機会には、その気持ちにさらに拍車がかかります。

小学生になると、求められることに対して応えたいと本気で思い、子どもなりに頑張った記憶が読者の皆さんにも残っているのではないでしょうか。

そして、受験勉強がはじまればなおさら、自分の思いと周りの期待に応えるために熾烈《しれつ》な競争をしていかなければなりません。

合格すれば、しばらくは心地よい解放感にゆったりと身体を投げ出して過ごしますが、あっという間に日常に戻ります。そして無意識のうちに、また成果を求めるようになります。

仲間とのたわいない人間関係のなかでも、「うまくやりたい」ことはたくさんあるからです。

いわんや真面目に勉強して定期試験をクリアしたり、自ら決めて次のステップに上がる試験に挑戦したりするなど、誘惑に負けず頑張る人であればなおさらのこと、成果を挙げないわけにはいきません。

なんだかんだで学生生活を過ごし、ついにやってくる卒業と就職は、そのときには想像できないにしても、本格的にしのぎを削る闘いのはじまりです。じっくり見極めて選択した仕事に就いた人も、あまり深く考えずにとりあえず就職した人も、社会に出れば、多かれ少なかれうまくやることを求められ、どのように仕事をしていくのか、どう生きるのかを意識せざるを得ません。

仕事が合わないからと会社を辞めても、働かないわけにはいきません。どの会社に転職しても、また思いきって起業したとしても、生産活動を行い、報酬を得て生活するためには、求められる成果を挙げなければならないことに変わりはありません。

社会に出る前は、たとえうまくできなくてもなんとかなります。

しかし、社会は、人がうまくやれないことに対してそれほど寛容ではありません。経験を重ねれば重ねるほど、その人に対する期待は高まり、うまくできる・できないは評価の要素の一つになってしまうのです。

自分を高められない、成長できない結果として成果を挙げられないときには、結果責任を問われます。

それらは容赦なく自分に跳ね返ります。誰のせいにもできません。うまくできなければイキイキと生活できないし、高をくくれば、周りからのしっぺ返しがあり、臍《ほぞ》をかむ思いをすることになります。人生そのものに影響を及ぼす可能性も出てきます。常に前を向いて、勇気をもって、何事にも恐れず立ち向かい、成長し続けることを放棄することはできないのです。

こうして考えてみると、望むと望まないとにかかわらず、人は生まれてからずっと、いつも何かをうまくやらなければならない、成果を挙げていかなければならない生き物であることがわかります。

それでは、本当の意味で「うまくいくこと」とは、どのようなことをいうのでしょうか。うまくいくことを大きくいえば「成功する」ということです。

書店には「成功する」ために必要なことが書かれた書籍が数多く並んでいます。成功したといわれる人たちの思いや姿勢を学び、自分も少しでもそうした生き方ができればと思ってそれらを読みはじめる人は多いでしょう。

そのような書籍には、人が向上心をもって生きるときに、心の支えになる教えや含蓄のある言葉がちりばめられていて、読み進むほどに、納得したり心を熱くしたり、勇気をもらった経験が誰にでもあると思います。

しかし、いざ具体的に行動しようとすると、感動したわりには、書かれていることが咀嚼《そしゃく》できず、また自分のものとして体系化できていないことに気づきます。

自分の日常とは離れた特別なことや、実際に使おうとすると自分の生き方と符合しないことがたくさんあり、読書により得た情報を活かしきれません。

また、「事業に成功することや、社会的地位や名声を得ること」の意味で使われる「成功」は、それを再現しようとすると、その方法がとても漠然としていることがわかります。

成功者のサクセスストーリーのなかで、事業をうまくやることの一つひとつや、お金持ちになった経緯が書かれていても、どうすれば成功できるのかという明確な枠組みがなく、あるいは、枠組みが不明瞭であることが理由です。

ある人の成功体験には、その人が生まれた時代背景や環境、タイミングが影響しており、成功した理由やプロセスが自分の立場に当てはめられないことも関係しています。

社会的地位や名声を得て「成功した」といわれている人であっても、一時的な評価を得ているだけだったり、何かのきっかけで坂を転げ落ちるように評価を下げてしまう例が枚挙にいとまがないことも、成功をわかりづらくしています。

本を読んで、そこから得られた「他者が成功したやり方」の知識を自分のなかで発酵させ、自分のものとして熟成して行動につなげるまでには、おそろしく長い時間がかかるように感じ、「あ、これは自分には無理かな」と気持ちが萎えてしまいます。

結局は、あれこれ「成功体験談」を読んでも、自分にとっての、目に見えない「成功=うまくいく」ことのイメージを完成させることができず、また書かれているように行動することができずに、挫折する人が多いのだと思います。

結果として、自分は成功とはほど遠い存在であると考えはじめ、無意識のうちに成功の二文字を頭から追いやってしまうことになります。

「成功」という言葉が、もっとわかりやすくシンプルで身近なものとして、また、成功の考え方や成功するための方法がより具体的に、かつ再現可能なものとして示されなければなりません。「成功すること」に取り組みやすくすることで、より多くの人が成功できるようになります。人は誰でも成功できるのです。

人生において、充実した日々を送りたい、なんとか現状をよくしたいと思うのであれば、本当の意味での「成功」をしっかりと定義しておかなければなりません。

2 成功を「誰にでも再現できるもの」に

私は大学卒業後、監査法人に入社し、さまざまな企業の会計監査を行うなかで業種ごとの経営を学びました。あるとき機会があり、もっと多くの人たちとの接点を得て新しいコンサルティングの経験を積みたいと思い立って、信託銀行に転職しました。

信託銀行では、コンサルティング部において、尊敬する上司や仲間たちと数多くの上場会社の経営者のプライベートバンキング（総合的な資産管理）や、流通業、サービス業の経営支援を行いました。

その頃私は、学生のときに決めた道を進むため、慌ただしい日々を繰り返すなかで、たぶん多くの人がそうしているように、「人はどうすれば悔いのない、満足できる人生を送ることができるのか」というテーマを意識しながら仕事をしていました。

その枠組み（フレームワーク）さえわかれば、いつもその通りに行動できるし、自分だけではなく、皆が幸せに生活できるようになるのではないかと漠然と考えていたからです。


監査法人や銀行に勤務していたときにお会いして「すごいなぁ」と感じた、上場会社や中小企業の経営者の方々、優れたビジネスパーソンが、何かあるごとに限界を乗り越え、イキイキと幸せそうに仕事をしている姿が、手をかざさなければ目を開けていられないほど強烈な印象として心に残り、私の思いを後押ししてくれました。

もちろん、それまでの拙い経験のなかでも「悔いのない満足できる人生」を送れる要因が、地位や名誉、お金を得ることだけではないのはわかっていました。

そこで、それまでに接してきた方々の行動のなかに、悔いのない満足できる人生を送るためのヒントが隠されているはずだと考え、時間をかけて彼らの行動を反芻《はんすう》し、また観察し直してみることにしたのです。

それからどのくらいの時間が経過したのかは、はっきりと思い出せませんが、しばらくしてから、彼らに共通するいくつかのことが少しずつわかってきました。

それは、彼らが一様に、なんらかのきっかけにより、「好きな○○をやりたい」「社会のために、○○をやらなければならない」という強い思いをもって仕事をしていること、そして表に出すかどうかは別として、その思いを「絶対にやり通す」「それは私がやるんだ」という信念に変え、意志をもって行動に結びつけ成果を挙げていることでした。

彼らが経験や積極的な学習を通じ、また情報を得て、あらゆる手段を通じて優位性の高い知見や技術を身につけようと努力していること、何よりも人間的に魅力があることが見えてきました。

その豊かな人間性は、コミュニケーションを通して周りに伝わり、多くの人に評価され、支持されており、私をいつも温かい気持ちにしてくれたのでした。

そうした経験から、「彼らは、○○をしたい、○○をしなければという強い思いを信念に変え、その達成のために技術や人間力を身につけ、積極的なコミュニケーションを通して行動することで、日々満足を積み重ねている」「それは、成果を挙げて達成感を得ることにつながり、悔いのない人生を送るための要件となっているのではないか」と私の気持ちのなかで整理がつきました。

「思い」「信念」「技術」「人間力」「コミュニケーション」「達成感」の6つが成功の要件である、という仮説です。そのことに気づいたとき、「なるほど、そうなんだ！」と合点がいきました。対象にした、成果を挙げているすべての人にそれらの要件が見事に当てはまったからです。

シンプルだけれども、人が人生を楽しみ、幸せに、そして魅力的に生きていくための要件が鮮明に見えた気がして、とても嬉しかったことを覚えています。

本書では、成功を「思いを信念に変えて、技術や人間力を身につけ、コミュニケーションをとりながら行動し、満足をもって思いを成し遂げ、達成感を得ること」としています。それが、「後悔せず人生をイキイキと過ごせることにつながる」と実感できたからです。

それを成功といわずに、何を成功といえばよいのでしょう！

「思いを信念に変えて、行うべき行動を行い、思いを遂げて達成感を得ること」が「うまくやること＝成功」であるとすれば、成功はより身近で確かなものとして、また誰にでも再現できるものとして扱うことができるはずです。

それが好きだから自然にそう思う、もしくは思い悩んで決めた「やりたいこと」であれ、場合によっては致し方なく目標にした「やらなければならないこと」であれ、信念と技術と人間力、そしてコミュニケーションを使い、課題を一つひとつクリアして達成感を得ることができれば、その人は幸せであるし、成功したといえます。

ところで、ここでの「成功」はその人の主観であり、本来は周りからとやかくいわれるものではありません。自分が立てた目標を満足しながらクリアし、思いを遂げて達成感を得ることを成功としているからです。

自分が思いを遂げて達成感を得たことが、周りからも評価されて、主観的な成功と客観的な評価が一致することは大切ですが、自分が満足して達成感を得なければ、いくら評価されてもそれは自分にとってはあまり意味がありません。

まずは自分が満足できる活動を行うことで、成果を挙げて達成感を得る。そのうえで他者からも評価される、というプロセスが求められています。

この文脈での「満足する」は、その人が「ただ単に満足する」ことではなく、「行うべきことを行った結果として成果を挙げて、心から満足し、最終的には達成感を得る」ことをいっています。

行うべきことを行わず、自分が求めた成果も挙がっていないのに、「もういいか」「これでいいや」と満足してしまうのは、ここでいう満足には当たりません。それは諦めや自己満足です。

それでは自分が本当にやりきっていないので、真の達成感は得られないし、自分の限界もわからない。また成長もできません。

やるべきことをすべて行い、「俺はやりきった!」「さあ、次のステップに進もう!」という達成感や高揚感がなければ、イキイキと楽しく、悔いなく生きることはできないと考えています。

2 成功を可視化するためのフレームワーク

人が成功するためには、そのための考え方や方法を習得しなければなりません。

「成功のフレームワーク（枠組み）」をしっかりと身につけている人とそうではない人では、成功にたどり着くまでの時間が異なります。

フレームワークを身につけていなければ、あるときには成功したけれども、あるときには成功しないといったことも起こります。フレームワークがなければ、成功にたどり着くことができない可能性すらあります。必ずうまくいくという再現性が生まれません。

成功を繰り返していくためには、成功のフレームワークを理解し、自分の背中を押してくれる行動の拠り所としていかなければならないのです。

どのような環境に置かれている人でも、どのような立場にある人でも、フレームワークに示されたことを実行すれば、誰でも成功する機会を与えられます。

成功のフレームワークは、人や場面を選びません。

成功のフレームワークを身につけ、その通りに考えて行動することが、すべての人にとっての成功への近道なのです。

前述したように私は、シンプルで体系的に整理された、いわば成功のための道標《みちしるべ》となるフレームワークはないかと考えてきました。

これだけでいい、これだけを頭のなかに叩き込むことができたら、うまく考えられて行動できる、そんな原理がないものかと探し続けてきたのです。

難しい理論や哲学を振り回すものではなく、平易で誰にでも理解できるフレームワークがあれば、多くの人が成功に近づけるのではないかという思いがありました。そして、「成功＝思い×信念×技術×人間力×コミュニケーション×達成感」という6つの成功要件にたどり着きました。

しかし、実は、ここまでの説明だけでは、フレームワークとしての条件を十分に満たしていません。誰にでも使えるかたちに落とし込まれ、自分のものとして確実に成功を担保できなければならないからです。6要件は成功のフレームワークの一部に過ぎません。

成功のフレームワークは、次の期待に応えることができなければなりません。

（1）簡単に理解できる
（2）簡単に記憶できる
（3）知識や体験をそのフレームワークに重ね、納得することが容易である
（4）簡単に利用できる

成功のフレームワークは次のように使います。

（1）常に意識する
（2）常に利用する
（3）自分の体験、経験とすり合わせ、さらに成功のフレームワークを強化する

これにより、日々連続して満足を得て成功し、達成感を積み上げ、結果として人生の成功を得ることができます。

整理した成功の6要件を、先に示した要素を充足するように、さらにフレームワークとして一般化していくことが次の私の課題だったのです。

成功の枠組み（フレームワーク）を見つけるきっかけは、ある日突然やってきました。

久しぶりのオフ。穏やかな時間でした。小さな扇風機がゆっくり回る自宅のリビングで、私はお気に入りの真っ白で少し固めの大きなソファーに、ジャージ姿で身体を投げ出していました。

半分ほど開いた窓から流れるやわらかい風が、レースのカーテンをひらひらと揺らしながら、あと少しで夏本番を迎える紺碧の空を弄《もてあそ》んでいる、初夏の昼下がりの時間でした。

私はすっかりリラックスして、まだページを開いていない山積みの本を、1冊ずつ慈しむように手に取り、どれから読みはじめるかワクワクしながら、ゆっくりと優先順位をつけていました。

そして、読みたい順番に積み上げたあと、一番上の本を手に取って何ページか読み進めたときでした。何かの気配があり、ハッとして上に目をやると、信じてはもらえないかもしれませんが、空中に15センチほどのキューブがゆっくりと、くるくる回転しながら現れました。

キューブには1から6までの数が付されていたので、すぐさま、それは見慣れているサイコロだと気づきました。

私は、飛び上がるように姿勢を正し、ソファーに座り直しました。

ソファーテーブルに置いてあった新聞の折り込み広告と、近くにあった4色ボールペンを急いで手に取り、広告の裏に、サイコロの図形、立方体（正六面体）の展開図を描きはじめたのです。

図1 キューブの展開図

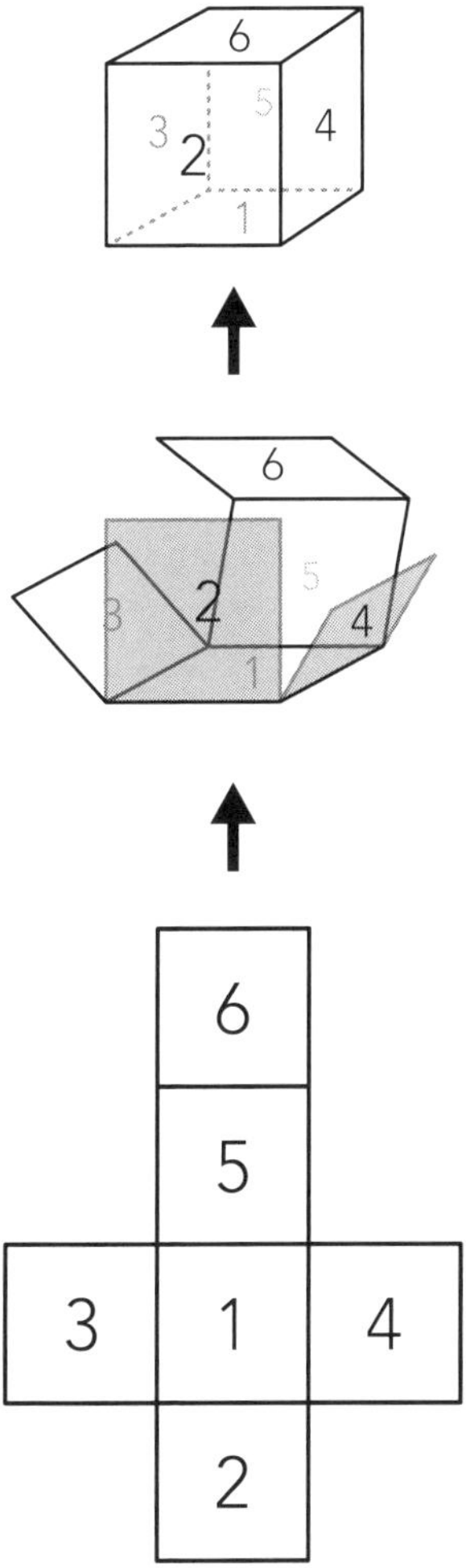

1の下には2があります。1の左手に3があり、右手に4があります。1の上には5が、そして5の上には6がありました。これを組み立てれば立方体、サイコロになります。目を閉じて、頭のなかでサイコロをゆっくりとイメージしてみました。

1を底面として置いてみると、「思い」が1であると直感しました。思いは何かをはじめるときの基礎になるからです。2は手前にあり、思いから伸びた「信念」として見ることができました。サイコロが向こう側を向いているとすると、これが背面です。2の左側に接する3が「技術」、反対側にある、やはり2の右側に接する4が「人間力」の面だと、あっという間に把握できました。

思いが信念になり、その信念が意志をつくり、技術に影響を与え、また人間力を伸ばす（身につけさせる）ことが説明できました。私は小躍りして思索を続けました。信念の面が技術の面や人間力の面を引き上げても、それを伝えるのは技術と人間力に接している正面、すなわち信念の面の反対側にある5が「コミュニケーション」の面だとわかりました。

そのとき思いが信念に変わり、技術や人間力を伴って、コミュニケーションにより外部に伝わりながら、徐々にサイコロの各面がせり上がり、サイコロが完成していくさまが手に取るように見えたのです。

それは、まるでスローモーションを見ているようであったことを思い出します。各面が伸びていくにしたがい、サイコロができあがりつつある箱には、各面の大きさに合わせて「満足」が透明な液体のように揺れながら、ヒタヒタと満たされていきました。

そして立方体は、一番上の面が蓋をすっと閉じるようにして完成します。6は「達成感」の面なんだと、納得できたのです。

サイコロの一番大きな目であり、一つひとつ積み重ねて最後は6になるという意味

図2 キューブの各面

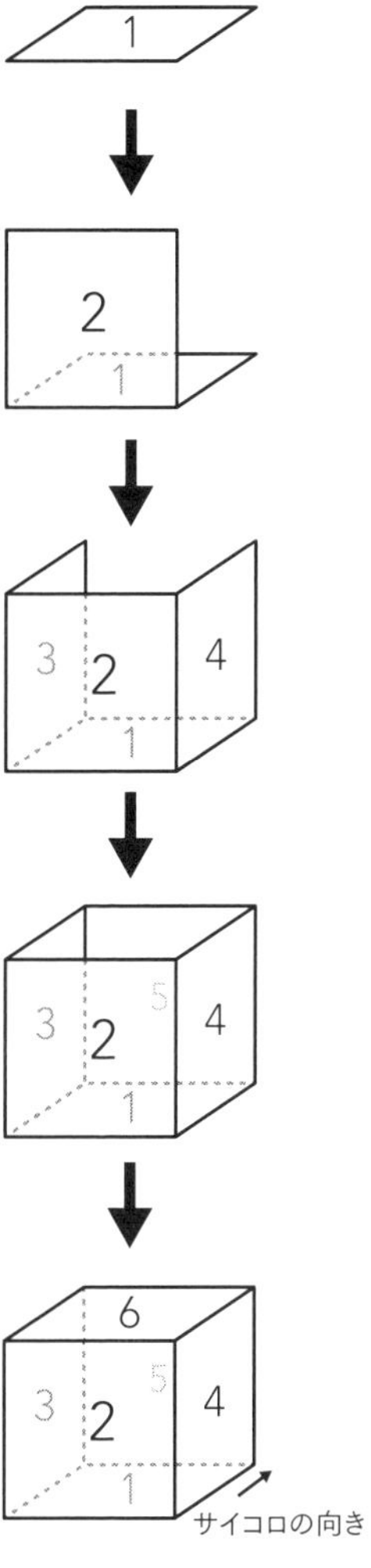

でも、6が達成感であるということには合点がいきます。

サイコロの各面を使い、思い、信念、技術、人間力、コミュニケーション、達成感の6つの要件やそれぞれの関係が説明できました。

成功の6要件を、1思い、2信念、3技術、4人間力、5コミュニケーション、6達成感として、振られている数字の順番でキューブの各面が伸び、サクセスキューブが完成するプロセスを意識して行動すれば、成功がとても身近になります。

サイコロが「人はどうすれば悔いのない、満足できる人生を送ることができるのか」というテーマを解決する要件を表す明確な枠組み（フレームワーク）であったことを確信した瞬間でした。

図3 キューブが完成するプロセス

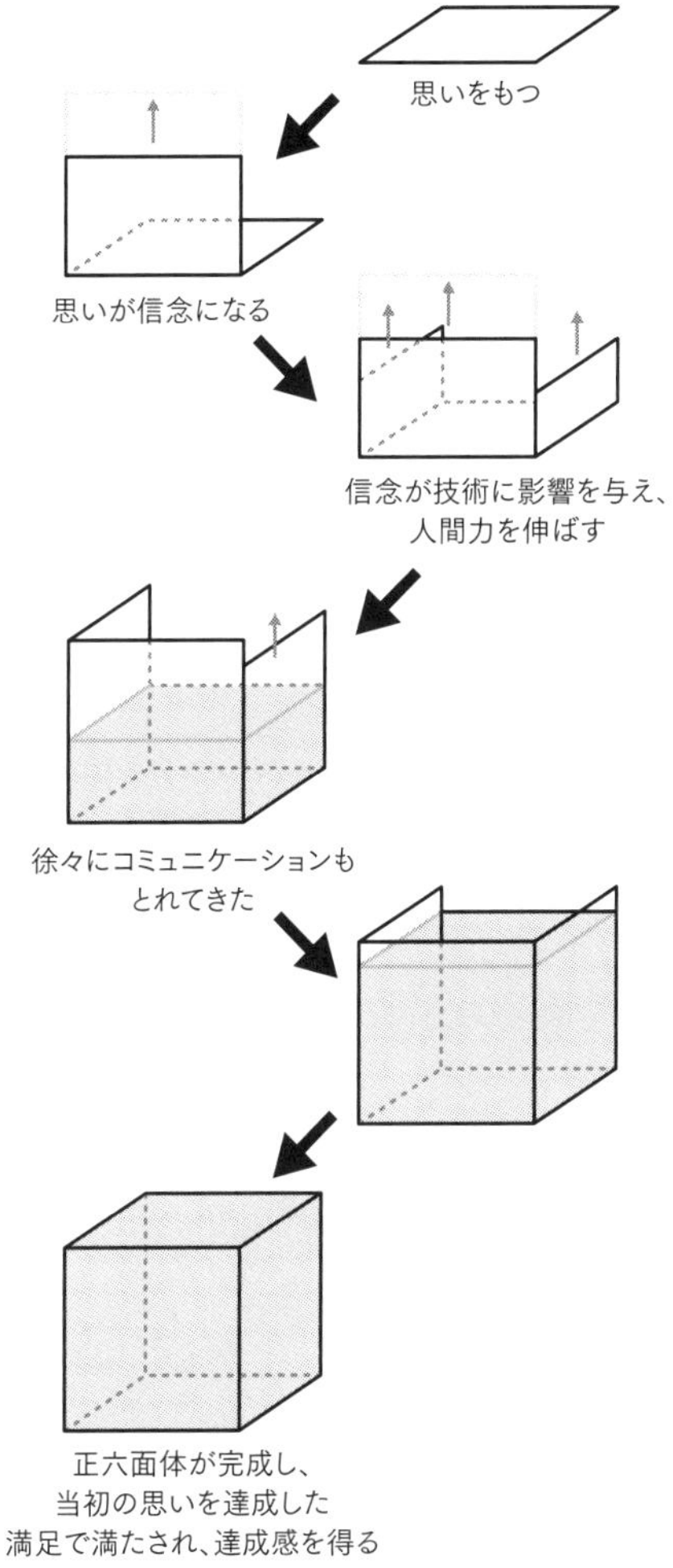

3 サイコロは成功を生むキューブである

1 サイコロの素晴らしさ

成功のフレームワーク（6つの成功要件）を日常化するために、サイコロを使います。サイコロは、6つの正方形から組み立てられた正六面体（立方体）です。

立方体を構成する正方形は、同じ長さの4つの辺をもち、「正しい方向をもった、比類なき整ったかたち」をしています。

堅い、物事を真面目に考える、真面目すぎて面白みがなく融通がきかない、ということを表現する熟語として「四角四面」がありますが、まさに正方形は、まとまりがあって規律的で成功を表現するのにふさわしい、正義感にあふれたかたちです。

そのうえ正六面体は、どっしりと安定し自立していて、動じず揺るぎなく、とても落ち着いた多面体の印象があります。

6つの正方形から組み立てられるサイコロは、組み立てられるプロセスと、できあがった正六面体そのものに成功を招く力があります。

6つの面と数字には、成功の要件を表す役割があります。サイコロ＝正六面体の各面を数字の順番に、それぞれ成功のための要件に置き直してみると、そのことが納得できます。

サイコロがもつ6面の意味は、成功の6要件そのものであり、成功のフレームワークとしてサイコロを使うというよりは、人類に成功の方法を教えるために存在していたサイコロの本来の力を解き明かす、といったほうが適当だと思います。

そして、サイコロに振られた1から6の数字を見ながら、各面が成長して正六面体がつくられていく順序を見ると、人が成功するプロセスが見えてきます。

正六面体それぞれの面がどのような意味をもち、どのような順序で立方体＝キューブになっていくのかを観察することで、自分が何をどのような順序で行っていけば成果を挙げ、成功することができるのかを容易にイメージできます。

サイコロは、「人はどうすれば悔いのない、満足できる人生を送ることができるのか」というテーマを解決する要件を表す道具であり、成功のフレームワークであることがわかります。

この考え方からサイコロを捉え直すとき、私はサイコロ＝キューブを、成功のためのキューブ、「サクセスキューブ」と呼ぶことにしました。

ご存じのように、サイコロの1の対面である6、同じように2と5、3と4を足すとそれぞれ7になり、サイコロ一つでスリー7になります。諸説ありますが、7という数字は幸運の象徴です。その数字を3つももったサイコロはもともとラッキーな存在です。

サイコロはサクセスキューブとして成功に導く道具であるということが心から納得できるのです。

思いをもち、日々行動することで、キューブの一つひとつの面をつくりあげ、正六面体を完成させ、成功を得るというストーリーができあがります。

すべての人は何かの思いをもったとき、心のなかでサクセスキューブの設計図を取り出し、サクセスキューブをイメージします。

サクセスキューブの各面に振られている数を1から一つひとつたどり、思いはあるか、信念に昇華され、意志をつくり出しているか、思いの達成に必要な技術はあるか、物事を進めていくための人間力はあるか、コミュニケーションはできているのかと確認しながら活動していくのです。

サクセスキューブがないときと比較して、圧倒的に自分の行動を可視化できるようになることはいうまでもありません。

2 サイコロがもつ不思議な力

ところで、私たちが使っている、1から6の数字が付された正六面体のサイコロは、古代エジプトで生まれたといわれています。

もともとは、サイコロにはいろいろな形がありましたが、紀元前8世紀頃のアッシリア、すなわち、今のイラクであるメソポタミア北部の遺跡から、歴史上最も古い正六面体のサイコロが見つかりました。

当時、サイコロは遊具として使われていたと見られていますが、正六面体であるサイコロの「成功をもたらす力」を知るにつけ、ゲームでしか親しまれていなかったサイコロには、隠された意味や役割があったのではないかと考えています。

古代エジプトでは、地球外生命体との交流があったといわれており、サイコロは単なる遊具ではなく、地球外生命体が持ち込んだ道具であったか、あるいは人知の及ばない存在である創造主が、人々の生き方を教えるためにつくった神具だったのではないでしょうか。

古くから、棒状のものや三角錐のもの、そして木片や貝殻、羊や牛の後ろ足の踝《くるぶし》の骨でできたサイコロは、占いやまじないで使われていたようですが、事実、目の数が多いサイコロは、当初は遊具ではなく、神託を受けるための祭具に使われたという記録もあります。

ギリシャ神話にはサイコロを発明したパラメーデースの名が記されていますが、古代エジプトはそれよりもはるか以前にはじまっていることを考えると、本当のサイコロの起源は、遊具ではなかったといえるでしょう。

日本でいう賽子《さいころ》の賽は賽銭の賽であり、神仏にお参りするという意味です。もともとdiceが日本に紹介されて、采《さい》と名づけられたもの、転がるものとしての「コロ」がついてサイコロになったといわれています。

同音の賽子という字が当てられたのは不思議です。サイコロは、日本でも神仏に近い存在として認識されていたのです。サイコロを振ったときにどの数字が出るのかは神のみぞ知る、ということなのでしょうか。

いずれにしても人生に示唆を与えるサクセスキューブを、親しみやすいサイコロ（遊具）とすることで、世の中に広く普及させ、人々により身近な存在として使われ続けることを目指したという見方もできます。

身近にあれば、いつかはサイコロのもつ本来の力に気づき、サクセスキューブとして使えるようになるのではないかと、創造主は考えたのかもしれません。

サイコロが、地球外生命体が持ち込んだ道具なのか、はたまた人の生き方を教えるために創造主がつくりあげたものなのか、その真偽のほどはわからないとしても、サイコロがサクセスキューブとして、人々が悔いのない、満足できる人生を送るための要件をもって存在していることは間違いありません。

サイコロがさまざまな場面で歴史をつくってきたことは紛れもない事実で、なかでもシーザー（カエサル）のエピソードが有名です。

古代ローマ時代、シーザーが元老院に背き、兵を率いてローマを攻めるため南下して、北イタリアのルビコン川を渡るときに、「この期に及んで弱気になるな。もう後には戻れない。賽は投げられた」といったと伝えられています。

サイコロが投げられたら、前に進み、勝つしかない、という有名な言葉です。サイコロが、人生を決める大きなきっかけに使われていることを示しているいい伝えだと理解しています。

　また、アインシュタインは「神はサイコロを振らない」として、すべての物事はもとから決まった物理法則のなかで動いているということを主張し、大きな議論を呼びましたが、サイコロで何かを決める慣習が背景にあったのは明らかです。

　自分で決められないことがあるときに、サイコロを振って（神頼みで）何かを決めてきた政治家や事業家は、数知れないのではないかと密かに思っています。

　少し横道にそれましたが、本書は、サイコロを振って何かを決めることをテーマにしているのではなく、サイコロそのものが、私たちに成功をもたらす道具であるということを紹介しています。

　今、サイコロを、人が成功するためのサクセスキューブとして再定義し、「サクセスキューブのつくり方」を学ぶことで、新しい行動をはじめることが大切です。

4 成功には大小がない

なお、成功の6要件にある思いや達成感の大小は、「成功」に影響を与えません。最終的に自分の思いをもって、やろうと決めたことが達成できたことを成功として語るとき、それがどのような大きさであるのかは無関係です。

思いが小さいから成功ではないとか、大きいから成功した、という評価を受けるものではありません。

前述したように、達成したことを第三者にわかってもらえるかどうか、価値があるかないか、規模の大小、容易かどうかなど、さまざまな評価スケールで見て、成功したかどうかが判断されるものではないのです。

ある人が思いをもって信念に変え、努力し続け、満足しながら思いを遂げて達成感を得たのであれば、その思いや達成感の大小には関係なく、その人にとっては成功です。

原則として、自分が思いを遂げて達成感を得ることが成功であり、客観的な評価は必要条件ではないということと併せて、思いや達成感の大小は成功に影響しないということを確認しておかなければなりません。

そもそも、思いが成し遂げられたことをいちいち他者に報告するものでもありませんし、周りがある人の行動をつぶさに知るよしもありません。

ある思いをもって成果を挙げたことについて、「こんなことができたんですよ」とか「やっと思っていたことができました」と、たまに話すのであれば周りの人も「そうなんだー、すごいね」と同調したり、称賛したりしてくれるかもしれませんが、毎回そのようにされると、そのうちに相手も辟易《へきえき》してしまいます。

また、こちらが伝えていないのに、他者が「あ、○○さん、達成感で満足した顔をしてますね、でも、ぶっちゃけ、たいしたことはないですよね」とか、「いやーすごい、すごいですね、素晴らしい」などと、いちいち評価をすることはありません。

自分のなかで満足しつつ行動して、思いを遂げ、達成感を得て、それらが集積して外部に見えたときに、その人の活動が評価されるときがくる、と考えるようにするのが正解です。

ある時点では、小さい、価値がないと思われる成果であっても、自分が社会の一員として、何かに対して思いをもって行動し、思いを遂げる活動を継続していけば、必ず結果はついてきます。

「思いを成し遂げることで、達成感を得る」ことができれば、その大小や評価にかかわらず、それは本人にとって成功であり自分の成長です。もちろん、評価されることを目的としているのではありませんが、成長を積み上げていけば、他者からも評価されないわけはありません。

その活動を繰り返し続けていくことが、物事をうまくやることにつながるし、そのこと自体が人生であるということを忘れないようにすることが大切です。

なお、ここまで書いたことを否定するわけではありませんが、他者からの客観的な評価が優先される場合があります。

他者との関係性のなかで目標が設定され、目標達成がはじめから他者の評価の目にさらされているケースです。

たとえば、成功の枠組みをもって行動する目的が、他者から求められる成果を出すことにあるときには、主観的な達成感よりも客観的な評価が勝ります。

自分では、小さい成果であると考えて満足していない、達成感を得ていないけれども、客観的にはとても大きな価値を生んでいて、「よくやったな！」「すごいね！」と他者から評価されれば目的は達成してしまうし、逆に「俺はすごいことを成し遂げた」と自分を抱きしめたいほどの達成感を抑えきれなくても、他者から評価を得られなければ、それまでの行動は役に立たなかったといえます。

自分はまだまだ満足していないけれども、他者から評価されたとき（主観的達成感＜客観的評価）には、自分が満足して達成感を得られるよう、さらに取り組みを行わなければなりませんし、また、自分は満足しても他者が評価してくれないとき（主観的達成感＞客観的評価）には、他者の期待値への到達を目的として、思いを再度大きくしながら行動し直さなければならないことはいうまでもありません。

このケースにおいては、成功のための行動は、少なくとも主観的な達成感と客観的な評価が一致することを目的として調整されなければならないのです。

他者のためにうまくやるものではないため、成功は主観であるという文脈を壊すものではありませんが、社会や人間関係のなかでうまくやることにおいて、他者の評価はどうでもよいといい切れないことを理解しておかなければなりません。

5 日々の成功と人生の成功

人は、これをやりたい、あれをやりたい、やらなければならないということを考え、日々行動して生きています。

何も思わなければ、そもそも何もはじまらないし、仮に思いをもったとしても、行動に移さなければ、やはり何もはじまりません。

思いにより、やるべきことをやり、何かうまくいけば嬉しいですし、思ったことがうまくでき、思いを遂げられれば、「あーよかった」と達成感を得ることができます。

日々の努力により思いを遂げる成功には、

（1）思いを成し遂げるための行動をとり、達成感を得て成功する
（2）成功を積み重ねて毎日を生きる延長線上に、人生の達成感を得て成功する

という2段階があります。

思いをもち、行うべきことを行う日々の行動の継続により、人は成功します。成功を連続させることができれば、どの時点においても、ここまでの自分の人生は成功だった、と納得できる結果を得ることができるのです。

成功の定義を明確にして、その実行のために倦《う》まず弛《たゆ》まず日々行動すること。その積み重ねにより、そこまでの人生が成功したのかが決まると考えると、成功がとても身近に感じられます。

思いを信念に変えて、とるべき行動をとり、思いを遂げて達成感を得ようと日々活動する意欲も湧きます。

人生にはいろいろなことがあり、結果は予測できません。思ってもみなかったことが起こることもあります。うまくいくことも、いかないこともあるでしょう。

したがって大切なのは、今この時点で思いをもち、行うべきこと一つひとつをクリアし続けることです。日々やりきっているという満足感を得て生活し、思いを遂げたときの達成感から生まれる高揚感を頼りに、自分を高め続けていくことだと考えています。

そのためには思いをもち、その達成を目標に日々適切な行動をとる毎日を過ごせば、必ず思いを遂げられるという確信が必要です。

こんなことをしていても、うまくいくはずがないと思った瞬間に、物事はうまくいかない方向に傾きます。本来うまくいくものも、うまくいかなくなるのです。

足元を見て、「今自分ができる最大限のことをしていれば必ず先に進める」と信じて、自らを鼓舞し、鍛錬しなければなりません。

人によって、思いの強さによって、環境によって、また、必然性の有無などさまざまな理由によって、日々の力の入れようは異なるでしょう。

しかし、「思いをもち、毎日一定の行動を行えば必ず思いを遂げられる」という信念があれば、思い描いた場所に到達できるのは道理です。

日々の満足と達成感を得るために行動しなければなりません。それを積み上げることで、人生の成功を目指すことが求められています。

6 成功を繰り返すことで得られるもの

成功とは、ある人が「思いにより目標を決め、信念をもって行動することで、満足を積み重ねながら思いを遂げて、達成感を得ること」です。

たくさんの思いをもち、一つひとつの思いの達成のために毎日努力をするなかで、「昨日はここまでできた！」「今日はこんなことができた！」と満足を感じながら日々を過ごせる人と、毎日目標もなく、ただやらなければならないことをこなしていくだけで一日が過ぎてしまう人がいます。

長い時間の経過のなかで、満足や達成感をもって生きる人とそうではない人の間には、生き方そのものや成果の集積において大きな差がついてしまいます。

思いをもって行動する人は、うまくいかないことを踏み台にして、必ずどこかでいくつかの思いを遂げ、達成感を得ることができます。その達成感が、また次の目標を立てるエネルギーになり、さらに達成感を得て、自信をつけ、その人をますます成長させていきます。

自信がつけば、必ず自分はできるという確信が生まれ、それは信念につながり、力強い行動が生まれます。何かを行うのに必要な技術を早く身につけることができるようになるし、他者の支援を得るために、より人間性を磨き、誰にでも好かれる姿勢や態度をとれるようになるのです。

多くの成功体験を積んだ人は、経験的にこうすればうまくいくという感覚やコツをつかみ、はじめは苦労して取り組んでいたことでも、早く、うまく物事を進めることができるようになります。

成功の要件は、「思い」「信念」「技術」「人間力」そして「コミュニケーション」、その結果の「達成感」でしたが、早く成果が挙がるようになると、次々に思いが生まれ、次はこれ、その次はこれに着手しようという勢いも出てきます。

湧き上がる情熱のために、コミュニケーションにはますます強い力が宿り、勢いが伝わりやすくなります。

力強い確信から生まれる情熱は、夏の爽やかな海風のように他者に伝わり、彼らを心地よく巻き込んで、やりたいこと、やらなければならないことを成し遂げるための大きな後ろ盾になるのです。

目標を成し遂げて達成感を得ることを続ければ、あらゆる意味で成長できますし、皆が成果を挙げる自分を見て、決めたことを絶対実行する人だという印象を与えることで、この人を支援しようという流れが生まれるのです。

こうなってくると、誰からも好かれるようになるし、誰もが成功させてあげようという気持ちをもつようになります。それは、すべてをうまくやれる方向に進めて、成果を早くうまく挙げていくための後押しをします。

これは、成功をもたらす重要なポイントです。

あなたの思うことを成し遂げ、達成感を得続けることは、自信と確信を生み、それが次の自分の思いを早く達成させます。

成功体験を積み重ねることから生まれるあなたの自信が、他者を動かすとともに、他者から見たあなたの生き様が、紺碧の空のように澄み渡った大きな期待と希望を生んで、周りの人々に一緒に行きたい、ともに前に進みたいという気持ちを抱かせるのです。

成功を積み上げていくことで、自分が満足し、達成感を得て幸せな人生を歩むだけではなく、思いを遂げるプロセスにおいて、周りを巻き込み、他者にも希望を与え、あなたが周りに影響を与えられることを実感し、さらに自信をつけて、自分の行動に拍車がかかるという相乗効果が生まれます。

達成感をもち続けてきた人は、成果を挙げて、(かつて私が多くのできる人たちに感じた) 相手を包み込むような人間性をもって、イキイキと楽しそうに仕事をする、強烈な印象を周りに与える人になれると信じています。

サクセスキューブをしっかり使いこなしていくことが不可欠です。

それではさっそく、成功のために、どう考え、どう行動すればよいのかを教えてくれるサクセスキューブのフレームワークの6つの成功要件一つひとつの意味、またサクセスキューブの不思議な役割について、これからじっくりと紹介していくことにしましょう。

第2章

成功するための6つの要件

【サクセスキューブ基礎編】

本書では、思いを信念に変えて、あるべき行動を行い、満足を積み重ねながら思いを遂げて達成感を得ることを「成功」としています。成功のためのフレームワーク（枠組み）における6つの要件は次のものでした。

成功＝思い×信念×技術×人間力×コミュニケーション×達成感

何かを成し遂げるために思いをもつ、その思いを信念に高め、強い意志をもつ、思いを実現するための技術を身につける、そして豊かな人間性をもつ、しっかりとコミュニケーションをとるといった、行うべきことを行えば、満足を感じながら達成感を得て、成功することができます。

これから、成功の6つの要件を正六面体のサイコロ（サクセスキューブ）の各面に重ね合わせ、各面の働きや関係性を明らかにしていきますが、サクセスキューブを理解する前に、まずは成功のための6つの要件の、一つひとつの意味をしっかりと確認しておきたいと思います。

1 思いをもつ

成功のフレームワーク、一つ目の要件には「思い」があります。思いとはどのようなものでしょうか。

思いにはさまざまな意味がありますが、ここでの思いは、「こうしたい」「こうなりたい」という願いや希望のことをいっています。

思いをもつ人が行動できることは、誰もが知っています。動機、意欲、願いがなければ何もはじまりません。

何でも思えばたちどころに成功する、といった極端に楽観的な主張をするわけではありませんが、強く思い続けることから、人は多くのことを成し遂げてきました。

発明であれ、改革であれ、革命であれ、革新であれ、良し悪しにかかわらず、それぞれの時代において、それらが多くの人の強い思いや意志により成し遂げられてきたことは揺るぎのない事実です。

何かを成し遂げようとすれば、思いをもち、目的を明確にして目標を設定し、自分は何をしなければならないのかについて、その時々において懸命に考え抜くことが必要です。

食べたい、眠りたいなどという本能的な欲求以外に、「○○をしたい」と思わずに生きるのはとても難しいことです。

百歩譲って、やりたいことがないとしても、やらなければならないことはあるはずです。生きている限り、何かをしなければならないことからは逃れられません。

やらなければならないことがあるときには、それをどのように行うのかを考えないことはありません。何も選択しないことや、無意識に何かをすることは困難です。

仮に何かが習慣化され、ほぼ考えなしにできることがあったとしても、うまくやりたいという思いがまったくない人はいないと思います。

動機もなく、「やらされていること」をただ漫然とやりながら生きている人もいるかもしれませんが、そこには、そのことに対する不満や不平、その状態から抜け出したい、変化させたいという思いが必ずあると信じています。

それすらなく、やらされていることが生活そのものになり日常化して、自分の思いをもつことを放棄してしまい、不満や不平すら感じないという人もいるかもしれません。

また、積極的にそうした日々を選択している人もいるでしょう。

そこに至るまでに、過去や環境、タイミングなどさまざまな原因があって、頑張り続けたのに諦めてしまった人がいることも理解できます。そうした生き方をすることもその人の価値観ですから、いいとか悪いとかということではありません。

しかし、どのような状況にあろうとも、もう一度何かに対する思いをもち、何かをやりたいのであれば、覚醒し、成功のフレームワークに基づいて思いをもち、勇気をもって行動をはじめれば成功することができます。

ところで、思いは「もとう」と思ってもつことももちろんありますが、さまざまな要因により、心のどこからか湧き上がってくるのが普通です。そのときの状況や環境に身を置き、情報を得て、どこからともなく、これをやろう、これをやらなければと思いが込み上げてくるのです。

また、これをやってほしいといわれ、やらなければならないことを思いとして、やりはじめることもあります。

どちらにしても、自分（Who）の思いを鮮明にするために、

（1）今もっている思いはどのようなものなのか（What）
（2）それをすることにどのような意味があるのか（Why）
（3）思いを遂げるのは誰（何）のためなのか（Whom）
（4）いつまでにそれを成し遂げればよいのか（When）
（5）そのためには具体的に何をしなければならないのか（How to）

を確認しなければなりません。いろいろな場面で登場する5W1Hですが、思いを確認するときにもこの考え方は役に立ちます。

これがしっかりできなければ、成功のフレームワークを起動することはできません。ただ思うだけではそれは夢想であり、実行につながることはないからです。思いは具体的なかたちにまで高められる必要があるのです。

さて、一般的な「思い」にはどのような種類があるでしょうか。

（1）思いつきではじめても、すぐ遂げられる思い
（2）少し考えてから、行動しなければ成果が挙がらない思い
（3）熟考して、行うべきことを行っていかなければ到達しないと想定される思い

（1）の身近な例として、「そうだ、今日のお昼ご飯は中華にしよう」と決めて中華料理店に行って、たっぷりのカニ肉入り天津飯（それもグリーンピースが3つのっている！）を食べて目的を達成するケースが挙げられます。お金があり、思いさえもてば、すぐに達成できる類いのものですから、本書で取り扱う対象になりません。

（2）はどうでしょう。「今日、彼女とデートする」というケースです。食事をとるよりは複雑ですが、食事をしてお酒を飲んで、家に送っていくということについて、服装を選び、レストランを予約し、いつものバーに行ってお酒を飲むと決めれば、「今日は楽しかったね」とよい反応をもらえる事柄です。

強い思いをもって対応するというよりも、あれこれ考えて計画を立て、実行するという癖をつければ済むことです。本来このようなことは、成功のフレームワークを使うほどのことではありません。

ただし、一世一代の場面において、一定期間をかけて、ある人に振り向いてもらいたい、自分の成長した姿を見せたい、そのために彼女の興味を引く知識を身につけ、彼女と不釣り合いにならない対応をしようと決めて行動するときには、キューブの考え方に頼ることもあるかもしれません。

（3）は「こんな人になりたい」という思いをもつケースです。たとえば日頃から「スマートな男になりたい」という思いをもつ人がいたとします。

その人は、誰からも尊敬される人格をもつことが、内面から滲み出るスマートさを生むと考えて、人間を磨こうとするかもしれません。

常に相手の立場に立ち思いやりをもって行動し、知識人として、どのような場合にも、誰に対しても話題に事欠かない知識を身につけよう。そのためにたとえば、興味のあるテーマからはじめ、得意分野をつくるとともに、政治経済を含め必要となる可能性のある、身の回りのあらゆる知識を学ばなければなりません。

清潔感や見栄えも求められると思い立ち、ＴＰＯ（時間、場所、場合）に応じてどのような服装が適切なのかを学びます。これはという店を見つけて食べ歩いたり、ありったけのエンターテインメントを観て、情報を得ることもあるかもしれません。思いを果たすために期日を決めて、自分を鍛えようとするはずです。

スマートな男性になるとはどのようなことなのか、どのような意味があるのか、思いを遂げるのは何のためなのか、そのためには何をしなければならないのか、いつまでに達成すればよいのか、どのようにすればよいのかを決めて行動するのであれば、間違いなく成功のフレームワークの対象となります。

少し偏った、わかりづらい例でしたが、趣味でも仕事でも、ちょっと手間のかかることについてサクセスキューブを使う、ということが目安になります。

たとえば小学生が、逆上がりがうまくなりたいと思ったとき、自己流ではなく誰かに教えてもらうことが早く成功する近道であると思ったとすれば、そのときの思いはキューブを利用するケースに該当するでしょう。小さい成功ですが、キューブを使うことができる例です。

サクセスキューブを使うケースは、それほど複雑なものではないことがわかります。

なお、サクセスキューブの大きさは、成功しようという思いの大きさにより決定します。その人の人生にとって大きな思いをもたなければできあがらないキューブは大きな底面をもち、また小さな思いでできあがるキューブは小さな底面をもっています。

成功には大小がないものの、キューブの大きさは、その人にとって大きな思いなのか小さな思いなのかに依存することを前提としています。

サクセスキューブと思いとの関係について理解してもらえたでしょうか。

なお、行うべきことを行わなければ到達しないと想定される事柄への思いをもち、その達成のために目標を決めるときには、いろいろなことを考えに入れ、情報を得て念入りに検討を行うこと、すなわち熟考が必要です。

ここで熟考することについて説明します。

ある思いをいきなり決定して行動すると、行動しはじめてから思い違いや想定していないことが発生し、目標への到達が遅れたり、到達できないことがあります。

自分の考えだけではなく、念には念を入れて考え、さまざまな情報を得てから思いをもつ必要があります。

したがって、ある思いをもったときには、まず、これをしてみたらどうだろうかという仮説を立てて、短い時間でもよいので情報を集めます。あらゆる角度から、それらの調査をすることで思いを強くしていきます。先ほどの5W1Hはその手助けの一つです。

次に確かめなければならない情報を集め、さらにその内容をチェックしたうえで、また次の確認をする課題を見つけて調査をして……ということを繰り返し、最終的に確信をもって決断するというやり方です。

単純にこれをしよう、これをやりたい、目標としなければならない、と思うだけではなく、いろいろな人に聞いたり、情報を収集しながらあなたの思いを確かめ、最終的に確信を得て思いを決定する。

自分と向き合って、もうこれ以上検討することがない、漏れがない、というところまで考え抜いて思いを確定することが、成功のフレームワークにおける思いをもつポイントです。

思いをもつ段階で、ああして、こうして、このようなことを得て、こんな自分になって、こんな風に対話をしながら成果を挙げていこうというシミュレーションを行えば行うほど、思いを遂げるための適切なプランが生まれます。

ある目標に対してしっかり向き合い、それがなぜ自分の求めるものであるのかを理解してから思いをもつに至ったかどうかが問われます。

走りながら、あるときには試行錯誤しながら行動することも必要かもしれませんが、成功のフレームワークでいう思いは、考え抜いて設定することが適当です。

ここでいう考え抜くとは、時間をかけることと同じ意味ではありません。時間をかけ、考えているうちに環境が変わってしまうこともあるからです。

長い時間をかけることもありますが、短い時間でも、熟考するプロセスを経て、自分が成し遂げる「思い」を受容する（受け入れる）ことができれば問題はありません。ところで、最も高い成果を期待できるのは、やはり、その人が好きなことについての思いです。

好きだから頑張れるし、好きだからこそ成果を出せます。心が躍る好きなことをやる。なぜ好きなのかにはいろいろな背景があると思いますが、その時点で心の底から湧き上がる、これをやりたいという気持ちを大切にして、その気持ちのままに思いを整理していくことがベストです。

好きなことがないときにはどうしたらよいのでしょうか。そのときには、今、目の前の与えられた目標であれ、必要に迫られて自分で設定した目標であれ、どうすれば好きになれるのかを考えればよいのです。

自分と向き合い、好きになることができるかどうかについて考え抜き、好きになれれば、そのうえで行うべきことを行う。それが成功するための重要なポイントです。

もちろん、周りから自分が好きなことを目標として提示されれば問題はありません。それを自分の思いとして、達成のための行動をとって成果を挙げればよいのです。

しかし、どうしても気が進まない、あまり好きではない、けれどもやらなければならない目標の達成を指示されることがあります。やりたくないことでも、やらなければならないときです。

その場合には、まずはそのことに興味をもち、自分はこの目標をどのように受け入れるのかを考え抜き、好きになれるよう努力し続けなければなりません。

周りから提示された目標であっても、これをクリアすることが自分の成長であると納得して行動し、成果を挙げる行動をとることで力をつけることができます。そのプロセスから、必ず自分の次の思いをつくる材料が生まれてきます。

まずは、やらなければならないことを「やろう」という思いをもつことが大切なのです。

そうはいっても、乗り気でない指示をどうしても受け入れられないのであれば、目標として継続することは困難です。

仕事だからと、なんとか持ちこたえ逃げることなく頑張ろうとしても、納得できない目標を提示され続けると、努力の限界を超えて精も根も尽きてしまうこともあるでしょう。よく考えてどうしても納得できないのであれば、引き受けないようにすることも、自分がイキイキ楽しく仕事をするための要領かもしれません。自分の能動的な思いがベースになければ、サクセスキューブをうまくつくれないことがあるからです。

もちろん、自分の興味や好き嫌いだけで仕事はできません。いつも自分の好きなこと興味のあることしかしない、やらなければならないことや、興味のなくなったことはやらない、ということは避けなければなりません。

どちらにしても、その仕事が好きか嫌いかにかかわらず、上司から指示された仕事を受けたのであれば、興味をもってやりきらなければなりません。「そこからたくさん学んでみよう」と、指示されたことの達成に向けて勇気をもって果敢に挑戦していくことが必要です。困難を乗り越えて実行し、成果を挙げることを繰り返せば、経験を積んで、やがてはどんなことでもできるという自信を得ることができます。そのなかから往々にして好きなことも生まれてきます。

目の前の目標に興味をもち、思いをもって、好きになろうと努力し続けるなかで、次の好きな目標を探す。あくまでも今の目標にチャレンジしながらチャンスを待つというスタンスをとるのです。

最終的に自らの思いをもち、成功のフレームワークづくりのスタートを切ることができれば、次の「思いを信念に変える」に進むことができます。

2 思いを信念に変える

成功のフレームワーク、2つ目の要件は「信念」です。信念とは正しいと信じる自分の考えですが、ここでの信念とはどのようなことをいうのでしょうか。

人は思いをもち、目標を設定することで、成功のための道を歩みはじめます。しかし、思いをもつだけでは強い力が生まれません。

（1）その思いを正しいと信じること
（2）絶対に達成すると決めること
（3）他の誰でもない、自分にしかできないと確信すること
（4）向上心をもつこと

以上が行動を起こすうえで大きなポイントとなります。

思いをもって計画しても、さらにその思いを後押しする勢いが必要です。信念がない人には勢いがありません。意志をもち続けることもできないし、勇気も出てきません。

あることに自分が取り組むことは正しい、という信念があれば、思いはより現実味を帯びてきます。

思いが信念により引き上げられて、よりよく実行されることになるのです。

いくつかの情報を集め、熟考したうえで決めた思いを信念により高めていくと、その思いは、やりがいがあると感じる目標となり、達成に強く執着することができます。執着からは気迫が生まれ、ますますやる気になります。自転車に乗り、片方のペダルに足を乗せて立ち上がることができます。

さらに、信念をもって「これは正しい」、使命感をもって「これは俺がやるべきことだ」「私がやらなければならない」と信じれば、走りはじめる強い意志が生まれます。より一層思いを強くし、勇気をもってスタートを切れます。自転車でいえば、腰を浮かして、もう一方のペダルにぐっと力を入れて走りはじめることができるのです。

信念をもつためには、次のような姿勢が必要です。

（1）どのようなことでも、自分が決めたことを必ずやり通すという癖をつける
（2）やり通せばできる、と心に刻む
（3）何かを行うとき、自分なりの工夫をして、自分らしくやれるよう心がける

まずは小さいことでも、思ったことは必ず実行してみることです。

思っても実行しなければ、いくらこれは俺しかできない、私しかやれないと信念により思いを高めたとしても、成果を得ることはできません。

思いをもち、信念をもって行動を起こすことの裏側には、今までも思ったことを行動に移してきた、正しいと思ったことは必ず実行してきたという体験による自信がなければなりません。

自信があり、これをやろうと思ったことが正しいとわかれば、行動してみようという動機になります。行動すればやりきれるという感覚が心底《しんてい》にあるので、スムースにスタートが切れます。

なお、自分なりの工夫をすることも大切です。自分にしかできないと信念をもつことは、他の誰でもない自分が行うという意識ですが、誰もが行う基本的なことを積み上げたうえで、自分なりのやり方をもって何かを行うという意味も含まれています。

他者と同じことを積み重ね、到達点に届くということもとても重要ですが、他者と異なることを常に考え、相違点を明確にして何かを成し遂げる、思いを遂げることで、大きな達成感を得られることがあります。

奇をてらうのではなく、新しい何かをつくりあげることが自分らしさだと認識して、自分らしくやることが、何かをつくりあげていくときのポイントです。

次に、信念をもち、行うべきことを行うとき、2つの大事なことがあります。

一つ目は、自分のためだけに行動をするには限界があるということです。

人は一人で生きているのではありません。他の多くの人の助けがあって生きています。自分だけで思いを成し遂げることはできません。したがって、何かを思い、信念に高めていく根底では、どこかで自分の利益を優先しながらも、他者のためになることを考えなければなりません。

逆にいえば、誰かのためになることや社会に貢献することが自分の使命であると考えることで、よい行動をとれる可能性が大きくなるのです。

行動を通じて社会に貢献することが自分の使命だと考え、それが結果として自分のためになるという発想をもてる人が、誰からも支援を受けて思いを遂げることができるのです。

大きな思いとして、行動を通じて社会の役に立つという視点から信念をもち、そのプロセスを小さな思いと信念に落とし込み、成功のフレームワークをつくります。

小さな思いを成し遂げることの積み重ねにより、大きな思い、信念を成し遂げるというやり方が、成功のフレームワークのあり方です。

思いを信念に変えて行動するときに、必ずしも「社会貢献しよう」「社会を変えるんだ」と意識しなくてもよいと思いますが、少なくとも自分のやりたいこと、やらなければならないことは、どこかで誰かの役に立ち、社会のためになっているという確認を、一度はしておくことが必要なのかもしれません。

それとは逆に、心の拠り所が自分の利益を優先することにある人は、利己的という烙印を押されます。

自分のためだけに何かを達成しよう、自分さえよければ他者はどうでもよいという思いで何かをする人はなかなかいないと思いますが、その傾向があれば周りからすぐに見透かされてしまい、誰も助けてくれません。

自分勝手な人とやりとりをしたいとは誰も思わないので、遅かれ早かれ孤立します。また、利己的な傾向のある人は、ある思いをもち続けたとしても、どうしても自分の利益を優先してしまいがちなので、日々行動するプロセスで自分に不利益なことがあると、思いや信念が揺らいでしまう可能性があります。途端に利益にならないことはしたくなくなる人たちです。

思いの達成＝自分の利益という方程式が崩れたときに、これはダメだ、と思いや信念を簡単に捨ててしまうことになるかもしれません。

また、そうした人は、短期的な利益のために行動しがちであり、長期的に何かを達成していくことには淡泊になる傾向があります。

心根《こころね》が自分のため、ということにあれば、思いや信念を持ち続けることができなくなるのです。

自分を大事にする、自分の利益を優先することで、人類は種を維持してきたのだと思います。私は人類のもつ属性を否定しているわけではありません。

しかし、社会のなかで人が集団で生活していることを前提とすれば、それだけではとても生きていくことはできません。社会では、人と人が接点をもち、人間関係のなかで、相互に相手を思いやり、尊重しながら、助け合い、各々がやりたい・やらなければならないことを行っているからです。

ただ、人はいつも同じ気持ちでいることはできません。これは社会に貢献できることだと思っていても、どうしても自分の利益を優先してしまうこともあります。しかし、そうした行いに気づいたときに常に思い直し、機会があったときに他者のためにも尽くせばよいのです。

自分のためになることと他者のためになることがうまく調和していて偏らない人が、結果として周りから評価され、自分の思いを遂げることができるのです。

もう少し正確にいえば、「自分のために生きるけれども、そのプロセスや結果が、周りや他者のためになる動き方をする」人が、うまく目標を達成できる、ということです。

心のどこかで、自分のためになるという思いと信念、その人なりに社会のためになるという思いと信念のバランスをとりながら生きていくことが、成功のフレームワークを活用して、いい人生を歩むコツだと考えています。

大事なことの2つ目は、正しいことしか受け入れないということです。

常に善悪を判断しなければなりません。いわずもがなのことなので多くは説明しません。悪事を計画し成功のフレームワークに乗せて実行しても、うまくいきません。

そもそも正しくないことは社会から受け入れられることがありません。何が正しくないかは多様ですが、正義、常識や慣習、ルールや法律から逸脱したものに触れることを避ける信念をもたなければなりません。

信念から悪を排除せずに行動すれば、成功のフレームワークが機能しないことは当然だ、と考えるかもしれませんが、油断して気を抜いたり、脇を甘くすると、かなりの確率で罠にはまります。チェックからすり抜けてしまった悪に気づかずに行動していると、何かの拍子にそれが露見して取り返しのつかないことになるのです。

思いを信念に高めるときに、「絶対に悪を見逃さない」「正しいことは何か」という信念の目で、網羅的にスクリーニングして、漏れがないかどうか、検討が十分なのかを熟考したうえで、結論を出さなければなりません。

微塵《みじん》も間違いがないことを確認してから、思いの遂行をスタートさせることが得策です。

とはいうものの、実際にはすべてを完全に予想して仕事をすることはできません。

このことは、成功のフレームワークをはじめてからでも、必要があれば立ち止まり、チェックをしていかなければならない事柄であると思います。

社会のためになることか、正しいことかを問うのは、物事を行うときの大きな判断材料になります。基本的なことではありますが、次に進む前にしっかりと心に刻んでおくことが大切です。

人はたくさんの失敗をします。それは仕方のないことです。「私は今までに失敗したことはありません」という人はそう多くはないと思っています。

だからこそ、一度失敗したことは二度と繰り返さないという意識をもって行動しなければなりません。ただ、たくさんの小さな失敗をすれば多くの知見を得て、大きな間違いをしないで済みます。そう思って行動すれば少しは楽になれますね。

3 技術を身につける

成功のフレームワーク、3つ目の要件は「技術」です。技術とはどのようなものをいうのでしょうか。

ここで扱う技術というのは、対象となる範囲がとても広いものです。

(1) 能力
(2) 知識
(3) 技能
(4) 手技
(5) さまざまな経験
(6) 物事を進めるためのノウハウ
(7) 情報

など、ある人が何かの思いをもち、信念に高めて目標を達成する、すなわち成果を挙げるために必要なものすべてが、その人のもつべき技術であると考えています。

自分が目標とする事柄を、思い、信念に高め、その達成のために必要な技術を自分がもっているのかどうかを見極めて、不足する技術を身につけていかなければなりません。

自分がどのような技術をもっているのかについて一度〝棚卸〟をして、不足する技術を発見することが有効です。

通常は、ある能力や知識、技能、手技、経験、ノウハウ、情報を自分がもっているので、これならできると思いをもって、何かをはじめることも多いと思います。これができるからこれをやろう、これならうまくいくと思いをもち、目標を立てて行動します。

（8）人のネットワークづくり

とはいうものの、時代や風を読み、天啓にも似た閃《ひらめ》きをもって、従来とはまったく異なる分野での思いをもった場合はどうでしょう。

それまでに得た「技術」が役に立たないわけではありません。どうすれば役に立たせることができるのかを考えることが大切です。

最も効果的な方法は、思いを遂げるために必要な技術をリスト化することです。

これをするためには、〇〇の知識、〇〇の技能、〇〇の経験が必要であるというリストです。そして、思いを遂げるときに自分の技術だけで足りなければ、周りの人の技術を借りなければなりません。別途、この人はこの技術に長けている、この人から学び、習得できるというリストを作成することも大切です。

なお、ここでいう技術は、単に〇〇を行う能力がある、知識がある、技能や手技がある、経験などがある、ノウハウがあるということだけではありません。最終的には、それらが知恵に昇華され、思いを遂げるために使われなければなりません。

ここでの知恵とは、物事の道理をわきまえ、筋道を立てて正しく処理する能力をいいます。

簡単にいえば、知識や経験・体験のなかから、こうすればこうなるといった自分なりの考え方をつくりあげることです。知恵があれば、どのような未知の出来事にも対応できる自分をつくりあげることができます。

知恵があれば、応用が利き、つなぎ合わせることができ、新しい発想を生むことができるようになります。こうすればこうなるということを予測して行動できるようになるため、学習や実行に失敗が少なくなります。そして計画的で実効性の高い行動をとれるようになります。

知恵を発揮する最大のメリットは、時間をコントロールできるようになることです。知識や経験・体験から、これにはこの程度の時間がかかる、これはこの程度で処理できるというように、自分の能力を総合的に見て、行動する時間のなかで自分をコントロールすることができます。結果として時間をうまく使えるようになるのです。質を保ちつつ時間をコントロールできれば、時間の制約を受けた人生を最大限に活かすことができます。それは物事を計画通りに進めるときに顕著に表れます。

計画（Plan）→実行（Do）→評価（Check）→改善（Action）といった行為すべてをコントロールすることができれば、思い通りの人生を生きられるようになるのです。PDCAサイクルはあらゆる行動の基本原理なので、わかりやすいと思います。

成功のフレームワークに取り組むことで、技術を構成している要素、その相互間の相乗効果により、また関連する事柄の学習により、常に技術を創造的に進化させていくことができます。知恵と、今ある、またこれから得ていく技術の組み合わせによる、創造性をも考慮した考え方であるといえます。

「自分なりの工夫をして、自分らしくやれるよう心がける」ことが必要であると信念のパートで説明しましたが、それは技術にも反映します。このやり方、このアプローチは自分のオリジナルだというものがあり、それで思いが成し遂げられるのであれば大きな達成感を得られますし、大きな自信にもつながります。

いずれにしても、現状を把握したうえで不足する技術を見つけ、常に学び、研鑽《けんさん》し、考え、工夫しながら技術を発展させていくという姿勢をもたなければなりません。

そのときどきの思いを成し遂げるための技術をしっかり整理し、うまく活用するとともに、不足するところは他から補ったり、計画を立てて追加で習得することが、成功のフレームワークを完成させるポイントです。

4 豊かな人間力がなければ、はじまらない

成功のフレームワーク、４つ目の要件は「人間力」です。

思いを遂げるためには、個人としてのあり方、生き方をも身につけていく必要があります。自らの成長を図ることができなければ、いくらよい知識や知恵、創造性をもっていてもそれらを活かすことができません。これが、人間力を高めていかなければならない理由です。

人間力を一言でいえば、魅力です。魅力のある人は、いうまでもなく人の心を引きつけて夢中にさせ、好かれ、畏敬の念をもって迎えられます。

人は名声や地位、そしてお金がある人を利用しようとすることがよくあります。何かを成し遂げようとするときに、金銭を使えば人は集まる可能性はありますが、金銭だけのつながりは長続きするものではありません。

人間性が豊かであり、誰からも好かれ、人が周りに集まることこそが、その人の本

当の実力であり魅力です。人間力は魅力ある人の力です。

普段から魅力をどのように身につけるのかを、常に意識して行動しなければなりません。豊かな人間性は以下の3つの要素で説明されます。

(1) 高い感性がある
(2) 誠意がある
(3) 思いやりがある

高い感性があるということは、常に本質を外さず、何が正しいのかを見極める目をもち、本質にしたがって行動できる能力をもっていることです。

また、至極当然ではありますが、誰に対しても分け隔てなく対応できるよう心がけるとともに、相手の立場で考える癖をつけなければなりません。それは思いやりにも通じるものです。このような人としてのあり方は、その人の思考、態度や行動すべてに反映されるものです。

しかしながら、豊かな人間性をもつこと、すなわち常に本質を外さない能力をもち、心のこもった、気遣いを忘れない対応をすることは意外に難しいと気づきます。人には何かに自信をもつと慢心し、独りよがりになる傾向があるからです。

しかし、思いを遂げるために信念をもち、技術を身につけても、人として正しい行動をとれなければ、物事は思い通りに進みません。

社会から隔絶された場所で、自分一人で何かをつくりあげるという思いを遂げるのであれば、技術力さえあれば足ります。しかし、趣味の世界ですら、誰ともやりとりのないケースは少ないと思われるなか、相手があるのであれば、いくら技術力があっても、その背景に人間力が伴っていないときには相手から見透かされてしまいます。「この人は利己的で、自分のことしか考えていない」と伝われば、もう誰も助けてはくれません。せっかくの思いや信念、身につけた技術も役に立たないのです。

次に説明するコミュニケーションの面も成立せず、達成感を得られないため、成功のフレームワークが完成しません。

何かをやろうと決め、信念をもって行動し、満足を積み重ねながら達成感を得るためには、人間力の形成を怠ることはできないのです。

人間力がある人であれば、何かを行う際、知らぬ間に多くの人がその人を受け入れ、一緒に何かをしたい、支援したいと思うことは間違いありません。

人間力さえあれば、逆に技術が一部不足していても、誰かが補完してくれますし、思いの遂行を支援してくれることすらあります。それほど人間力（＝豊かな人間性）は重要です。

その人がもつ技術が唯一無二であり、他に代替するものがないために、あまりつき合いたくない性格の人と嫌でもつき合わなければならないという事例もありますが、そうしたケースは稀です。

人間性は、その人の哲学や思い、信念、生き方に大きく影響を受けますが、最終的には優れた技術をもっている人よりも、豊かな人間性をもつ人が他者に選ばれると考えています。

なお、最初は、高い感性がある、誠意がある、思いやりがあるという3要素がうまく自分のものになっておらず、自分の生き方が3要素から外れることがあったとしても構いません。

大事なことは、自分には豊かな人間性がどれほど備わっているのかを常に評価し、人間力を身につけたい、そうありたいと願い、不足するところを見出して行動できるかどうかだと思います。

成功のためのフレームワークを使った活動をいくつも行い、経験しながら一つひとつ納得がいくまで自分づくりの訓練をすることが大切です。

そうすれば、いつかは必ず、豊かな人間性の3要素をもつ人になれるのです。

さて、常に本質を外さない能力をもち、心のこもった、気遣いを忘れない対応ができるようになるためには、成功のフレームワークを使う前に、心に留めておかなければならないことがあります。

ある程度の年齢にならないとわからないことかもしれませんが、長いようで短い人生のなかで悔いのない生活を送るためには、毎日を大切に過ごすことが必要です。

自分の人生が大切であるのと同様に、皆もそれぞれの人生を大切に生きています。

他者に自分を大切にしてもらい、一定の関係を保つためには、まずは他者を尊重し、他者を大切に扱うことが必要です。

他者を丁寧に扱うことは自分自身を大事にすることなのです。

豊かな人間性をもつことは、結果として自分の一日一日を、頬ずりをするように慈しみながら大切に生きることにつながります。

相手がすぐに気づかなくても、まずは相手を大切に扱うこと。そのために相手の立場になって心を砕き、真実は何かを突き詰め、正しいことを行っていく。

それはとても清々しく、気持ちのよいことではないでしょうか。いつかは必ず皆がそのことをわかってくれるときがきます。これが成功のフレームワークでいう人間力の源泉です。

5 コミュニケーションが大切

成功のフレームワーク、5つ目の要件は「コミュニケーション」です。

コミュニケーションとは、自分の思いや意見を言葉や身体を使って伝えることをいい、コミュニケーション力とは、コミュニケーションをうまく行う力のことをいいます。思いを伝えるために、どのような話し方をすればよいのかを考える必要があります。言語を使わないコミュニケーション＝ノンバーバル・コミュニケーションにおいては、どのような表情や身振り手振りをすればよいのかも工夫する必要があります。

人は一人で生きているわけではありません。人間関係のなかで、知らず知らずのうちに、周りの人に迷惑をかけ、もしくは意識して助け、助けられながら生きています。

思いを成就したいとき、人はコミュニケーションをとります。

思いを遂げるためには、信念をもち、技術を高め、人間性を豊かにして他者から学ぶ必要があります。自分だけでそれらを求められるレベルに高めることはできません。

自分がどのような思いをもち、何をしたいのかを相手に告げて、教えを請う。そして、自分のやりたいことをやれるよう力をつけたり、やらなければならないことを行っていくのです。

仮に自分だけで技術を身につけ、豊かな人間性をもてたとしても、自分の成果を相手に伝えなければなりません。正しいかたちでうまくコミュニケーションを行うために、コミュニケーション力が必要です。

さて、相手から学ぶ必要があるときには、少なくとも次のコミュニケーション力がなければなりません。

（1）適切な姿勢や態度をとれる
（2）質問を適切に行える
（3）得た情報を取捨選択し、ただちに自分のものにすることができる
（4）人の話をきちんと聴ける
（5）相手のいいところを引き出せる
（6）相手に伝わる話し方ができる

（7）表現が豊かである
（8）伝えるための優れた道具をもっている

これらはコミュニケーション力だけではなく、技術力や人間力、その背景にある信念や思いが大きく影響します。

総合力をもって他者に接することができなければ、コミュニケーション力は身につきません。

また、成果を相手に伝え、自分を理解してもらうためには、たとえば次のようなコミュニケーションをとらなければなりません。

（1）自分は何者なのか
（2）何をしたいのか
（3）それはなぜなのか

自己紹介や思いを伝えるだけではなく、コミュニケーションのなかで次のようなことを確認します。

（1）関係する多くの相手から情報を得ることや、学ぶことで、自分の思いや信念、そして技術や人間性が正しいかどうかを検証する
（2）それらを書き換えたり、進化させる
（3）自分の進む方向が間違っていないかどうかを検証する
（4）常に新しい情報はないか、気づくことはないか、率先して情報を拾う

他者との関わりのなかで、自分の思いが正しかったのか、信念に間違いはないか、技術は足りているか、人間性に問題がないか、進む方向に間違いがないか、さらにコミュニケーション自体の巧拙についても検証しながら、思いを遂げる行動をとるのです。

コミュニケーション力を活用し、相手から学んだり、成果を相手に伝え、自分を理解してもらいます。

このように、コミュニケーションにより自分が成長し、成果を挙げるわけですが、

コミュニケーションの力が十分でなければ成果を挙げることができない可能性があります。

コミュニケーションの力をつけることは、成功のフレームワークを完成させ、成果を挙げるためのとても重要な条件だということを理解しなければなりません。

もちろん、コミュニケーションが長けているだけでは成功はできません。

成功の要件は、単独で成功に導くのではなく、他の要件とうまく連携し合うことで成果をつくり、満足を生み、達成感をもたらして成功へと導くのです。

ただし、成功のためのフレームワークを完成させるためには、コミュニケーション力がどうしても必要です。コミュニケーション力を自己評価し、不足するところを補っていくことが有効です。

コミュニケーションをとりはじめると、予想しない出来事も起こります。うまくいかなくても意気消沈することなく、成果を挙げられない自分に克たなければなりません。

自分に克つためには、

（1）感情をコントロールする
（2）障害を乗り越える力をつける

ことが大切です。

何かあったときに感情的になることは、自分に負けるのと同じです。感情的になれば本来の自分を失い、冷静になれず適切な判断ができません。コミュニケーションをとるときに、感情をコントロールすることはとても重要だと覚えておきましょう。

そもそも感情的になるのは、自分の理想と現実にギャップがあるからです。思い通りにならないから感情的になるのです。

まずは思い通りにならない原因を考えなければなりません。

それは、「自分の力が足りない」「相手に問題がある」、あるいは「双方に課題がある」に区分されます。

自分が力をつけるために何をするのか、相手の問題を解決するためにどう行動するのかを考え、手を打つことが感情的にならない秘訣です。

難しいことではありますが、常に物事を客観視し、理性をもち、思い通りにならなくてもそれをおくびにも出さず、表情も変えず、なぜそうなのかを分析し、解決の方向に誘導しながら冷静にコミュニケーションをとれる人が、成功のフレームワークを使いこなせる人だと考えています。

また、障害を乗り越える力をつけるとは、前記に類似しますが、常に全体を見て把握し、問題解決できることをいっています。

俯瞰して事を進められなければ、思いを遂げるために必要なアクションがとれません。問題は多様であり、それらは単純な場合も複雑な場合もありますが、全体を見て問題解決方法をしっかりと検討することも、障害を乗り越える力のなかに含まれていると考えています。

6 達成感を得られなければ成功しない

さて、最後になりました。成功のフレームワーク、6つ目の要件は「達成感」です。思いをもち、信念に高め、技術を身につけ、豊かな人間性をもち、コミュニケーションをとる。この5つの成功の要件を満たすことで満足を積み重ね、達成感を得ることができます。

達成感とは、「決めた何かを成し遂げたことによって得られる満足感」をいいます。

しかし、何かを達成し思いを遂げなければ、満足感をもてないわけではありません。何かを思い、それを達成しようとして行動しはじめると、そのプロセスにおいて、あれができた、これができるようになったという満足感を得られます。

そして、その蓄積を行いながら、最後に何かを成し遂げたときに達成感を得られると考えています。達成感はある思いが成就し成功したことから生まれます。達成感は満足の集大成といえるのです。達成感を得ることはとても心地よく、病みつきになります。

第3章で説明しますが、サクセスキューブの5つの面が徐々に完成するなかで、最も低い面に合わせて満足が溜まります。5つの面がそれぞれ正方形になり、立方体の容積いっぱいに満足が溜まったのちに最後に6の面の蓋が閉まり、達成感を得るという考え方をとっています。サクセスキューブの6番目の要件である達成感は、他の5つの要件の完成の帰結であり、それを意図的につくりあげることはできません。

さて、「成功しなければ達成感を得られない」というのは当たり前ですが、この節のタイトルは「達成感を得られなければ成功しない」となっています。

これは、当初に思い、決めた到達目標では満足できないことがあることを示しています。思いの大きさが変わればすべての要件はグレードアップしてしまいます。

すなわち、やることはやり、当初決めた目標は達成し、成果は挙げた。しかし、行動している間に思いが広がり、満足できる水準がどんどん上がっていったために、当初目標達成だけでは、自分はまだまだ満足できず、達成感を得ていません。

ここまでできれば成功だと思っていた到達点には達したけれど、思いが大きくなったために、自分のなかの到達点が遠のき、その段階までの満足はしているものの、大きくなった思いからすれば達成感を得られていない状況です。

当初の思いが広がれば、信念も大きくなり、また必要な技術や物事を成し遂げるための人間力も大きなものにならざるを得ません。さらにコミュニケーションを行い、活動を広げ、今まで以上の努力を行わなければならないのです。

この状況は、当初決めた目標に取り組んでいるプロセスで目標そのものが自分を成長させ、思いを進化させたために、キューブの底面が拡大し、当初つくろうと思っていたキューブの容積が拡大してしまったことを意味しています。

大きくなってしまった思いを成し遂げるために、人はさらに行動し、相対的に低くなった信念や技術、人間力、コミュニケーション力の各要件を伸ばさなければキューブは完成せず、達成感を得られません。

「成功したら達成感を得られる」ということの先には、達成感を得られるまで活動し続けるという意味が含まれており、結局は「達成感を得られなければ成功しない」ということになります。

人は、成功のフレームワークを使い、思いをもって自分がやろうと決めたことを少しずつ実行することで満足を得て、またやりきって達成感を得ることができます。

タスクの壁が高ければ高いほど、困難であればあるほど、そして自分がもち続けてきた思いが強ければ強いほど、満足や達成感は大きいものとなり、そして自信も生まれます。

成功して得た自信は、その人の次の目標への取り組みに対し、やればできるという勇気を与えます。

目標を設定する思いの力は増大し、日々の達成感を得たいという衝動や達成感を得たときの高揚感が、思いから生まれる信念の力や、技術の力、人間力、そしてコミュニケーション力に対し、目に見えない影響を与えます。

成功への確信や、技術を習得するときの熱意や執着、そして行動するときに不可欠な周りに対する思いやりなどは、成功体験を得る前とは比べものにならないほど大きくなっているでしょう。

それらはさらに大きな思いとなり、サクセスキューブを使って思いを遂げるための行動をリスタートさせる原動力となります。

当初目標を達成して成果を挙げても、思いが大きくなり達成感を得られないときには、その実現のためにさらに行動する。それが成功のフレームワークの目指すところです。

自分のためだけではなく、他の誰かのため、そして社会のために貢献できるという内なる喜びや、自ら少しずつ満足を得て行動し、目的を達成して達成感を得る楽しみ、爽快感をより大きなものにしたいという生命《いのち》の欲望が人を突き動かし、成功へと導いていくと考えています。

達成感を得ることを願い、前向きに日々の活動を行うことが大切です。

第3章

サクセスキューブを身につける

【サクセスキューブ解説編】

1 サクセスキューブのフレームワークに習熟する

第3章では、成功の6要件を具現化するサクセスキューブについて説明します。何かを成し遂げたいという思いをもったときに、成功のフレームワークであるサクセスキューブをどのようにつくればよいのかを理解することがこの章の目的です。

成功の6要件は、「思い×信念×技術×人間力×コミュニケーション×達成感」でした。

サイコロ（キューブ）の各面は、見事に成功の6要件を示しています。サクセスキューブをより身近なものとしていくために、あらゆる角度からサイコロのイメージをつくれるようにすることも大切です。

まずは、サイコロの数字の配置と6要件の関係を理解しておきましょう。

1 ▫ サイコロの数字の配置を理解する

はじめにサイコロを用意し、手元に置いてください。ポケットに入れてもち歩ける程度の大きさのものがよいでしょう。

サイコロには、1から6の目があります。1が⚀、2が⚁、3が⚂というように丸の印が彫られていますが、ここでは⚀を1として数字で示すことにします。なお、サイコロの目は「1と6」「2と5」「3と4」が対面になるように配置されています。サイコロは対面する面を足すと7になるので、わかりやすいですよね。

ただ、実際には3と4の位置が左右逆になっているサイコロがあります。本書では、1を底面、2を背面として見た場合の数字の配置を、1底面、2背面、3左面、4右面、5正面、6上面としています。いろいろなサイコロを集めて検証した結果、この配置が一般的でした。

図4 サイコロの数字の配置

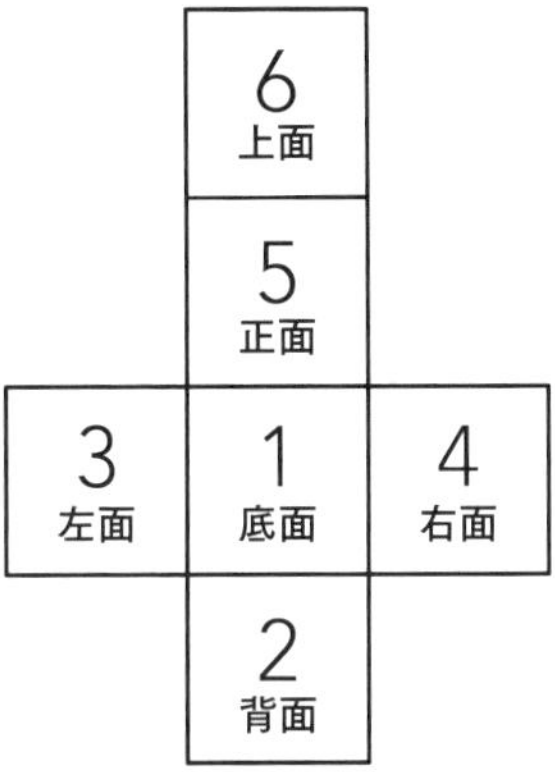

さて、サイコロの用意ができたら、背面の2を手前側に向けてサイコロを置いて眺めてみましょう。2の前に立ち、斜め上か

ら見ると、2と6の数字が見えます。左に視点をずらすと3も見えます。

その時点で見えている数字は2と6と3です。右から見れば2と6と4が見えます。反対側に回り、正面すなわち2の反対側から見ると、正面の5、上面の6を見ることができます。サクセスキューブを前から確認したのち、少し左から見れば4が見えて5と6と4が、そして少し右から見れば5と6と3が見えることが確認できます。

そのまま、ガラス板の上にサイコロをのせて、顔をガラス板の少し下にもってくると底面の1と正面の5が見えます。

左や右から見ると数の見え方が異なります。こうしてみると、サイコロの数は、最大3面しか一度に見ることはできません。残りの数は一度には見られないことがわかります。

さらにサイコロの1を下にして置いてしまったら、ガラス板を使わない限り、1の面を見ることは絶対にできません。

1を底面（思い）として置くことからはじめるサクセスキューブづくりにおいては、もち上げて回転させない限り、他者からはサクセスキューブの全貌が見えないことを意味しています。人の思いは他者に直接的にはわからないことが、サイコロのかたちからも理解できます。

ただし、立方体のサイコロを分解し、正六面体としての展開図を作成すればサクセスキューブのすべての面を見ることができます（１０７ページ図４）。底面、背面、左面、右面、正面、そして上面があることもわかります。

図5 サイコロをいろいろな角度から眺める

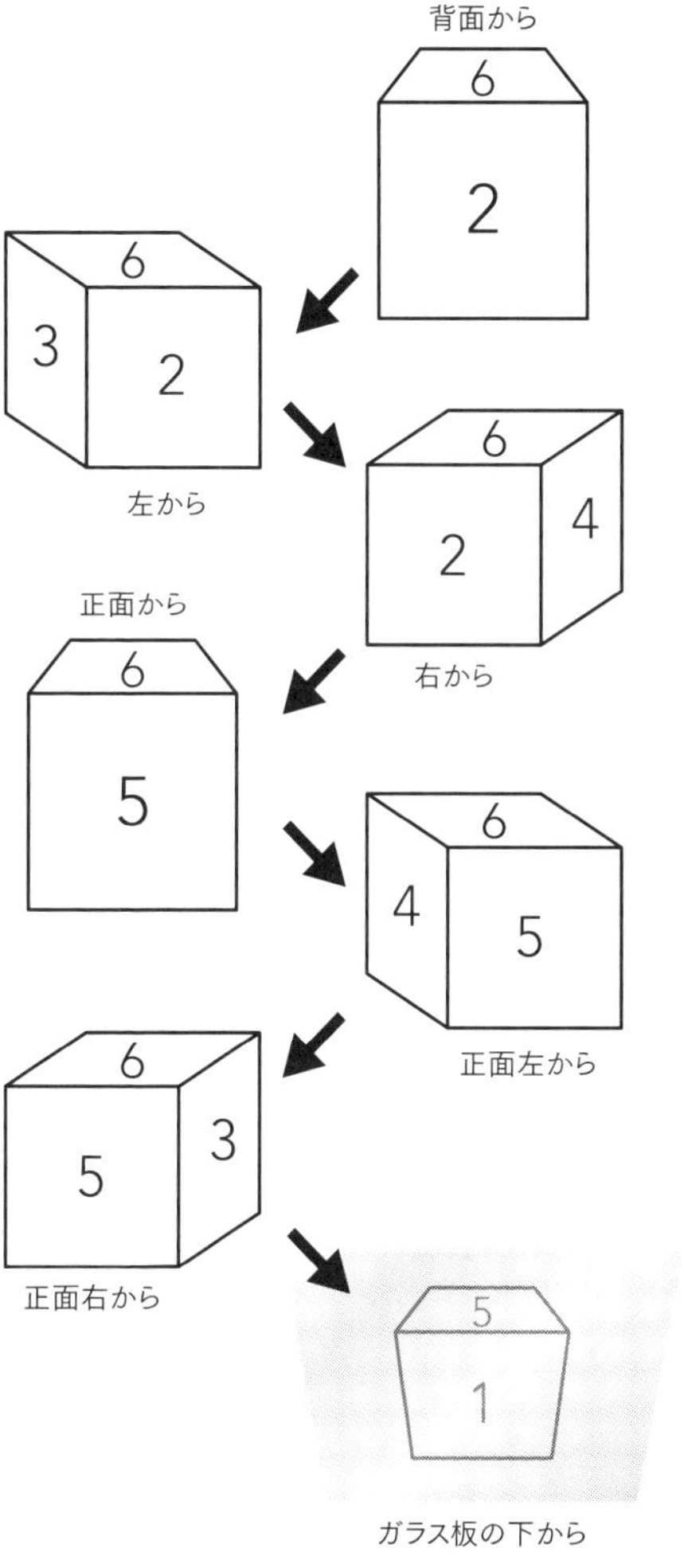

また、それぞれの面がどのようにつながっているのかも理解できると思います。

ここまでくれば、1の対面には6、2の対面には5があり、また3の対面には4、というように瞬時にわかりますね。

2 ◻ 成功の6要件の動きを見る

サクセスキューブを縦横無尽に使いこなすためには、成功の6要件を自分のものとして理解するとともに、サイコロのどの数字がどの要件を表しているのかを明確にしておかなければなりません。

成功の要件を示す6つの面が、どのような順番でつくられサクセスキューブができあがっていくのか、頭のなかで動画のようにイメージできることが大切です。

サクセスキューブの1は底面、2は背面、3は左面、4は右面、5は正面、6が上面であり、それぞれの面が思い、信念、技術、人間力、コミュニケーション、達成感を表していることを覚えましょう。

成功の6要件が並ぶ順番は、人が何か行動を起こすときの順番として、とても理解しやすいものです。「思いをもち、行動し、成果を挙げる」という単純な構造です。

思いを強くするために信念が思いを後押しすること、また行動には、技術や人間性を身につけ、他者とのコミュニケーションをとることが含まれるのは容易にわかります。

成果が挙がれば満足するし、思いを成し遂げれば達成感が得られることも腑に落ちます。

過去にあなたが懸命に何かに取り組み、うまくいったときのさまざまな記憶を思い出せばよいと思います。「あのときは嬉しかったな」とか「胸がすく思いだった」「気持ちよかったな」などの記憶を呼び起こすことで、そのときの状況をしっかりと実感できると思います。

1から6までの数字と成功の6要件をそれぞれ一致させられるようになるまでに、それほど時間はかからないと思います。正しい順番でキューブをつくるために、頭のなかでサクセスキューブを組み立てる作業を開始します。

まずは思いの面（底面）が達成感（上面）を除くすべての面と接していることや、信念の面（背面）が技術（左面）と人間力（右面）に接していること、技術と人間力がコミュニケーション（正面）と接していること、そして何よりも達成感の面が信念、技術、人間力、コミュニケーションの面と接していることを把握することが必要です。

これから、キューブができるまでの各面の動きを動態的に見てみましょう。

人が何かの思いをもつと、思いの大きさにより、また達成の困難さにより、大きさは異なるものの、一気に底面（1＝サイコロの目）ができます。その人にとって大きな思いであれば底面は大きく、また、小さな思いであれば底面は小さくなります。

できあがった底面から背面（2）の信念がせり上がり、左面（3）の技術、そして追随するように人間力の右面（4）が徐々につくられます。左面、右面ができあがってくるにしたがって、それらに引きずられるようにコミュニケーションの正面（5）が伸びてきます。

正面が伸びてくる動きは千差万別であり、キューブをつくる人の、たとえば技術を伝えたい、学びたいという思いの大きさに影響を受けます。技術の面を先に伸ばしてから、それを伝えるためにコミュニケーションの面を引き上げる人もいるし、コミュニケーションと技術の面を併せて伸ばしていく人もいます。

人間力を先に身につけている人やコミュニケーションをとりながら人間力を身につ

ける人では、コミュニケーションの面の伸び方はさらに異なるでしょう。人によってさまざまな道をたどり、サクセスキューブづくりが進みます。

そして、できあがりつつあるキューブは、各面のうち、最も低い面まで満足の液体を湛《たた》えています。キューブ各面の一番達成度の低い面のところまでは満足できているという仮定です。

試しに牛乳パックの底面の一辺と同じ長さ（たとえば8センチ）のところにハサミを入れ、上面（蓋）だけがない各面8センチの箱をつくってみると理解しやすくなります。そこに水を入れる場合、箱の一面を上から2センチカットしてみるとどうなるでしょうか。

水は下から6センチのところまでしか溜まりません。次に横の面を上から4センチカットしてみると、同じように下から4センチのところまでしか水は溜まりません。

このことは、各面は思いから伸びていくものの、一番低い面のところまでしか満足できないということを示していることになります。

満足がキューブの一番低い面までしかないということは、「他の面はそこそこ自信がついてきたけれど、まだ〇〇の面が足りていない。ちゃんとした自分をつくらなければダメだな」と考え、○○の面を高めて満足度を上げるところまで行動するきっかけとなることを示しています。

各面が伸び切り、唯一最初から正方形である思い以外の面が正方形になったとき、箱ができあがることになります。

ここでは、5面の正方形が完成し、箱ができあがった途端に思いが成し遂げられ、達成感の面（6）がつくられ、箱の蓋が閉じられて、サクセスキューブが完成したという情景を思い浮かべられるようにしておかなければなりません。

図6 キューブ各面の動き

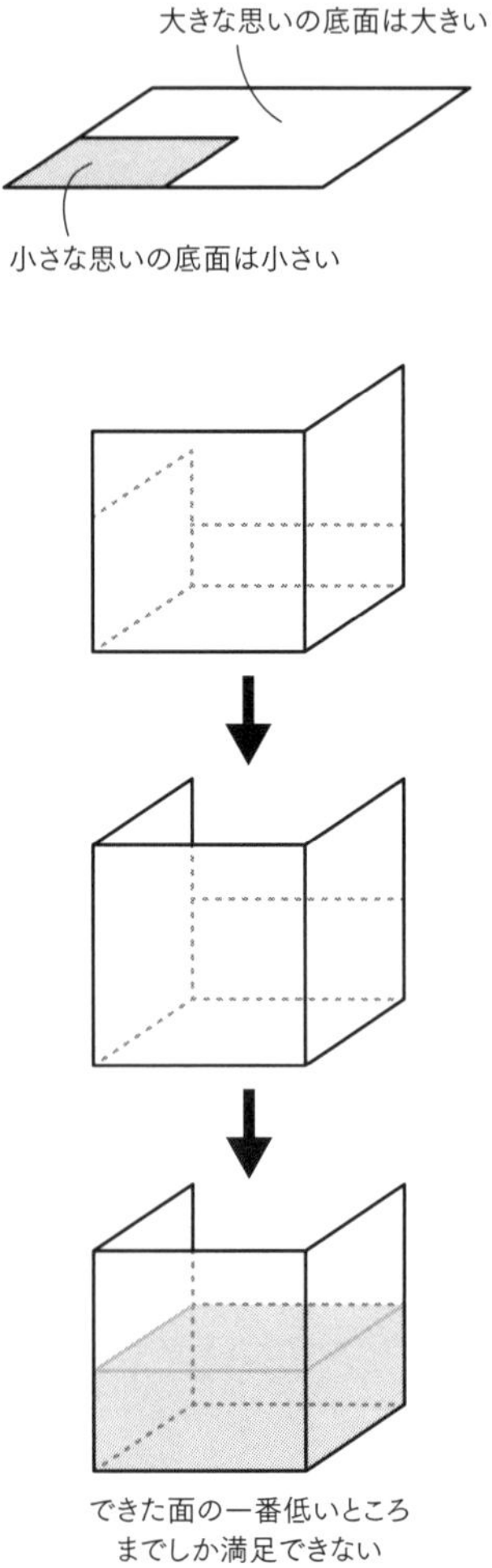
大きな思いの底面は大きい
小さな思いの底面は小さい
できた面の一番低いところまでしか満足できない

このように、キューブの数字や各面の属性を覚えておけば、容易にサクセスキューブがイメージでき、他者にも説明できます。この段階になれば、サクセスキューブのフレームワークで無意識のうちに行動でき、どの面が不足しているのかを瞬時に立体的に認識できるようになっているはずです。

自動車を運転するときに、いちいち「ドアを開けて運転席に座ろう。それができたら、次にエンジンをかけて、ミラーを合わせる。その次には、シートベルトを装着してカチッといったら、サイドミラーを出す……」とチェックして乗る人は、初心者以外にはいません。

その動作を何も考えないうちにすべて完了し、意識せず、サイドブレーキを外して前後左右に気を遣いながら、徐々にアクセルを踏み込む人が大半です。

何かの動作を飛ばせば車を安全に運転することができませんが、無意識にそれらに留意しながら車を動かしはじめることができます。

それと同様に、「さてと、それでは○○のキューブづくりを開始しよう」と決めて、まず思いの面を頭に思い浮かべます。

そののち、まるで車に乗るときのようにキューブをイメージして、自然に信念、技術、人間力、コミュニケーションの順に意識したうえで日々の行動をスタートできるよう、サクセスキューブの動きに習熟しておくとよいでしょう。

2 サクセスキューブ各面の関係

次に、サクセスキューブの各々の面の関係を見ておきましょう。実際にキューブを使うために各面の関係を学習し、意識すれば、より一層サクセスキューブの理解が進むし、各面の相互関係を強化することができます。復習もかねて、各面の関係を整理してみます。

1 □ 思いと信念

思いがあれば行動が生まれます。キューブをつくるためには、何かを達成したいという思いがなければなりません。その人の好きなことや、環境・経験から湧き上がるものであるとしても、達成したいという思いには理由があります。

ただし、思いがあるだけでは何も生まれません。この思いが強くならなければ、行動につながらないからです。思いを強くする理由がなければなりません。どうしてこの思いを達成したいのだろうと振り返ることが必要です。「〇〇のために、この思いを遂げたい」「それは自分がやらなければならない」という信念に到達することができます。やりたいのはなぜなのかを考え、思いを強くすれば、思いを信念に変えていくことが可能です。思いを5W1Hで考えると説明しましたが、思いが具体的になり、強くなるプロセスで信念が生まれます。思いが信念をつくることにより、何かをはじめることができるのです。

図7 思いと信念が一体化し、キューブの支えになる

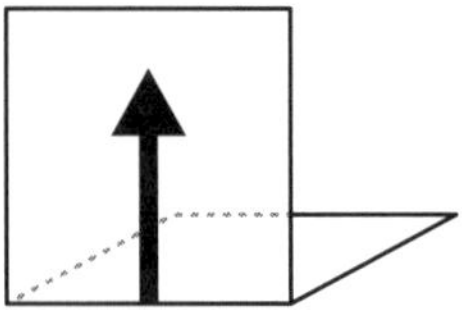

なお、思いと信念の間には、思いにより信念がつくられるという関係だけではなく、すでに大きな何かをしなければならないという自分を貫き通す信念があったときに、ある思いがつくられるという関係もあります。

「こんな経験をしたので、何かの役に立ちたい。それが自分の生き方だ」「発展途上国に行って経験を活かそう」などがその例です。

また、思いの面から信念の面が生まれるのではなく、信念の面と思いの面が同時にできあがることもあります。ある日突然、何かの強い思いが自分に降りてくることがあるからです。「社会を変えるのは私だ」「政治を変えるためには議員になるしかない」といったことがそれです。

いずれにしても、思いと信念はほぼ一体化しています。何かをはじめるときにとても重要な間柄であり、サクセスキューブのスタートになる関係だといえます。

2 思いと技術

思いがなければ、技術を身につけようという主体的な行動は生まれません。

しかし、現実には何気なく仕事に就いて、技術を磨いていたら面白くなり、それがこの技術を使って人の役に立とう、ビジネスにしていこうという思いに変わり、それが信念をつくり技術を習得する力になる、というのはよくあることです。

このことから最初に強い思いをもち、何かをはじめるということだけではなく、仕事を突き詰めていったら好きになり、思いをもつに至った、という場合もあり、思いと技術は相互に影響し合い、何かをつくりだす関係にあるといえます。

とはいうものの、いくら技術を磨き、その技術に長けていたとしても、思いをもたなければ、キューブをつくりあげることはできません。これが好きだ、究めたいという思いが生まれて、はじめてサクセスキューブづくりがスタートします。

技術を磨いても、思いがなければ、そこから人間力を身につけたり、コミュニケーションをとったりということができません。一方、この技術を究めたいという思いが生まれれば、そこからコミュニケーションの面や、人間力の面が生まれ、さらに思いが信念に昇華されることで、キューブがつくられる可能性があります。

図8 思いがなければ、技術はキューブづくりに役立たない

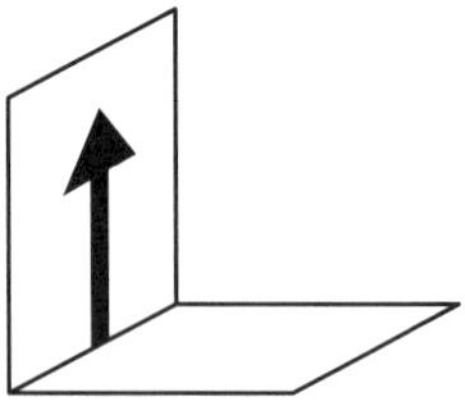

自分の技術を列挙するなかで何かを見つけ、これを強くして何かを成し遂げていこうと思い、キューブづくりに入ることは誰にでもできるのです。

思いと技術において技術が先行することがあるとしても、結局は、思いをもたなければサクセスキューブはつくられないことがわかります。

3 ▫ 思いと人間力

人間力だけで、何かを成し遂げることはできません。自分には人間力があるから、人間力で何かをしていこう、という考えにはたどり着きません。

思いがあり、その思いを達成するために信念に変え、思いを遂げるために自分を見直すという流れのなかで生まれてくる要件が人間力です。人間力を基礎として、他の要件が語られなければならないのです。

したがってサクセスキューブでは、思いと人間力は一方的な関係であり、人間力の面から自律的に思いの面が生まれることはないという関係にあります。

図9 思いを達成するためには人間力が必要

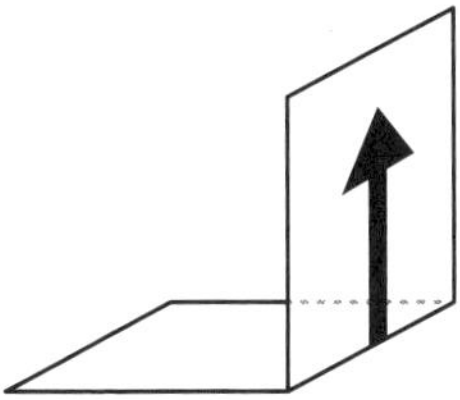

キューブをつくり続け、積み重ねていくなかで、人間力はどんどん修正され、成長します。ある段階から、キューブごとに面をつくるのではなく、思いがあれば一気に人間力の面が完成する、ということもあります。

何をやっても誰からも信頼される人が、次々にやることなすこと成功させるというパターンです。

普遍性のある、その人に備わった人間性がすべての行動に行き渡り、何かを思えば、即座にキューブの人間力の面が完成してしまうのです。

思いと人間力がセットになり、思いをもった瞬間に底面と右面の2面によりL字がつくられる可能性もあります。

ここから、常にどのような人になるのか、どう生きるのかということを考えて、どのような場面でも人間性を意識して生きることは、何かをはじめるときに、キューブを早くつくりあげるポイントであることがわかります。

自分の人間力で不足するところを洗い出し、一つひとつ目標を立てて人間磨きの時間をつくることが、常によいキューブをつくるために必要なのです。

4．思いとコミュニケーション

コミュニケーションの面も、思いの面から伸びてつくられます。思いを伝えるためにはコミュニケーションをとらなければなりません。

「面と向かう」という言葉があるように、斜に構えることなく正面を向いてコミュニケーションをとらなければ、情報は正しく伝わりません。

シャイな人もいますが、思いを伝えることに長けた人は自分を理解してもらえるし、

図10 コミュニケーションがとれなければ、思いは伝わらない

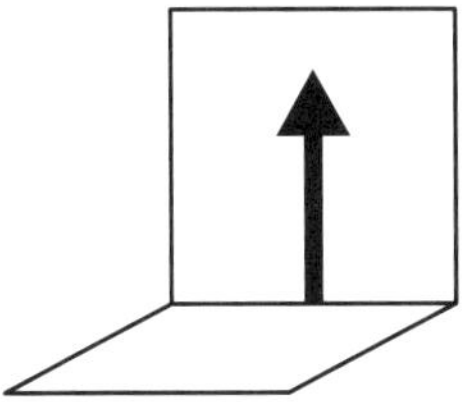

また相手の話を聞くことがうまい人は相手から信頼されます。それは相手が自分を支援してくれる基礎になります。コミュニケーションのとり方により、自分の思いを達成できるかできないかが決まるといっても過言ではありません。

思いの面からコミュニケーションの面をぐんぐん伸ばし、率直に伝えられるよう訓練をすることが求められます。

5 信念と技術

信念があるからこそ、思いを通じて意志を強固にして、技術を身につけることができます。また、技術があるからこそ、あることを達成したいという思いを信念に変えることができるという関係にもあります。

サクセスキューブでは、思いの面の一辺から技術の面が伸び、信念の面が横から技

図11 信念は技術を横からサポートする

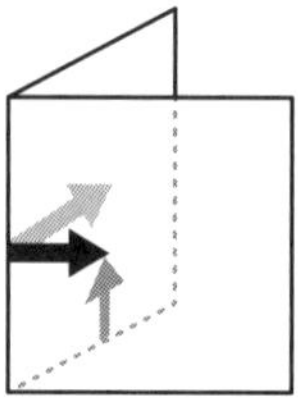

図12 信念が人間力を引き上げる

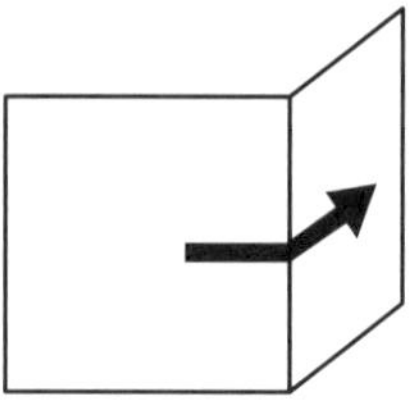

術の面に接しています。

思いの面が技術の面を下支えするだけではなく、信念と技術の面の関係として、信念の面が伸びるにしたがって技術の面も引き上げられ、横からサポートする機能があることを忘れてはなりません。

6 ▫ 信念と人間力

何かに信念をもつ人は、力強く生きています。また、人間力のある人は感性が豊かで、他者の立場に立てる人であり、多様な思考をしている傾向にあります。人間力を発揮するために信念は欠くことのできない要件であると理解しています。

サクセスキューブの考え方では、思いの面で人間力を支えているだけではなく、信念の面で人間力を引き上げている、としています。

思いだけで人間力をつくることはできません。本当の人間力を身につけるためには、信念の面が成長するにしたがって、人間力の面も引き上げられていく、あるいは技術が信念に支えられているように、人間力も側面から信念のサポートを受けていることを再認識する必要があります。

7□信念とコミュニケーション

信念とコミュニケーションは直接の接点をもっていません。コミュニケーションの面の裏側に信念の面があります。誰かに何かを伝えるときに、裏側に信念があるかどうかはとても重要です。

相手から見ても、気骨のある人と話すのとそうでない人と話すのとでは、話の受けとめ方が違います。信念をもつ人は、自信がある話し方をするし勢いが違います。そうでない人とは語気が異なるのです。「○○をなんとか達成しなければならないので一緒にやりましょう」とか「○○を成し遂げるためにはあなたの力が必要なんで

図13 コミュニケーションには信念の裏付けが必要

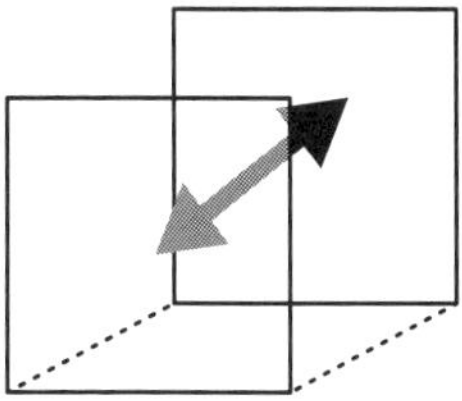

す」といった具合です。

相手は話の背景を知り、話す人の生き様を感じ取りながら、コミュニケーションをとります。話の内容が相手にとって大切であればあるほど、話をする人がどんな人なのか、どのような行いをしてきたのか、どのような思いや信念をもっているのかを見ています。コミュニケーションは、信念の裏づけが必要です。

8 ▫ 技術と人間力

対面する技術の面と人間力の面は、思いを基礎として、信念やコミュニケーションの面を通じて間接的につながっています。

すでに説明していますが、いくら素晴らしい技術がある、ある事柄について知識がある、経験がある、うまくできる、といったことがあるとしても、「人間としてどうなのか」ということが常に問われます。

相手のことを考えて行動する、相手の立場で物事を考えることができる人であれば、その人のいうことやその人のやること、その人そのものを信頼してつき合うことができます。いくら高い技術力をもっていても、相手から好かれなければ、よい人間関係

図14　技術と人間力は相互に影響を与える

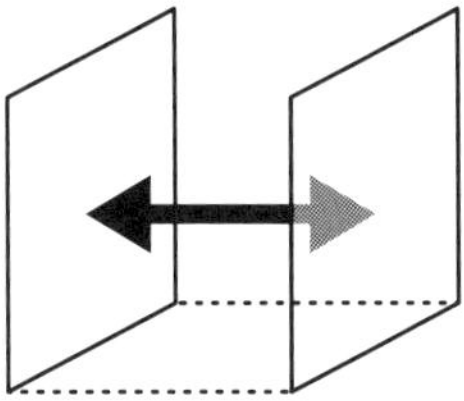

は生まれません。

誰かとの関係が生まれなければ、技術も使えないということになります。それでは宝のもち腐れです。キューブをつくるうえではまずは人間力が大切であり、場合によっては、技術力に優先してつくられなければならないことを忘れてはなりません。

人間力を優先していれば、技術を伝えて思いを遂げるときも、思いにしたがって技術を習得したいときにも、そうではないときと比較して、よりよい成果を挙げられると考えています。もちろん、人間力は自分の成長により得られるものであり、技術を伸ばすことのなかで培われます。

技術と人間力は、互いに影響し合う関係にあるといえるでしょう。

9 ◻ 技術とコミュニケーション

技術があるからコミュニケーションを受け入れてもらえることがあります。この人はこれができる、こんなことを知っている、だから話を聞きたいという流れです。

どのような場面であったとしても、相手の求めている話ができなければなりません。

技術についてコミュニケーションをとるときには、少なくとも、この人は大丈夫だろうかと、相手が心配にならない程度に相手に合わせて、コミュニケーションがとれる能力をもっていることが大切です。

図15 技術がなければコミュニケーションはとれない

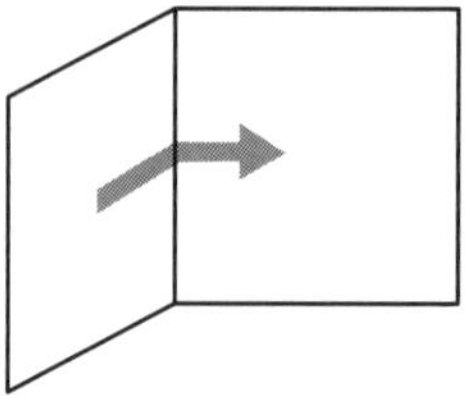

わからないことがあったり、そのときに知らない情報があった場合、「あとで調べておきますね」といったことはよくありますし、それ自体が問題になることはありません。しかし、あるキューブをつくろうとしているときに、絶対に知っていなければならない事柄に関して会話ができなければ、相手からは足元を見られてしまう可能性があります。
また、技術を相手に伝えていくためだけでなく、逆に技術を身につける、習得するために相手とコミュニケーションをとるという場面もあります。技術力を高めていく

ためには、相手から学ぶ、教えてもらう、影響を受ける、鼓舞されるということがあるからです。この場合、技術を習得するためのコミュニケーションをとらなければなりません。

技術の面とコミュニケーションの面は辺で接して、お互いに引き上げ合う関係にあるといえます。

なお、自分の技術を他者に伝えていくときにも、ある意味、人間力の面の助けを得なければなりません。「この人のいうことは信じられる」「だから話を聞こう」という関係を蔑《ないがし》ろにはできません。

10◻人間力とコミュニケーション

コミュニケーションをとるときには、思いや信念がとても大事ですが、人間力はさらに大切な要件です。人間力はコミュニケーションに大きく影響を与えます。人間力の面とコミュニケーションの面は辺でつながっており、人間力はコミュニケーションを通じて相手に伝わるからです。

思いを伝えるためにコミュニケーションをとるということは、その人の人間力が伝わるということでもあります。

コミュニケーションをとるときの姿勢や態度、身なりは人間力に影響を受けます。そして相手のことを思い、相手の立場で自分の思いを伝えるのは、人間力のなせる技です。人間力の面はコミュニケーションの面と密接につながり、相互に影響し合い、成果を挙げる関係にあります。何かを伝えるときには、キューブをイメージし、人間力の面がコミュニケーションの面と連結していることを思い出しましょう。人間力が、コミュニケーションに表れて、相手を温かい気持ちにするのです。

図16 人間力はコミュニケーションに表れる

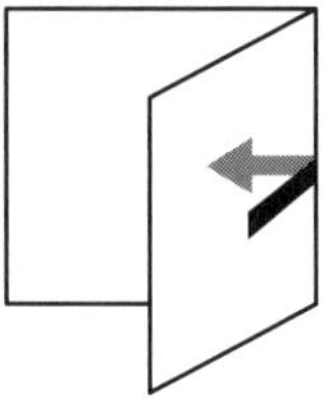

3 キューブはもっとうまく早くつくれる

はじめから壮大な目標をもとうとしなくても、自分のやりたいことを見つけ、サクセスキューブに乗せて行動することを繰り返していく間に、徐々にもっとやりたい、もっと次のことに進みたいというように、意欲が出てきます。

ここから、やらなければならないことが自然に増えてきます。一つ成功したあと、しばらくして思いをもって新たにスタートする、人からいわれてやってみたら、なんとなく好きだなと思い、思いを強くして信念に変え、何かをはじめるといったように、どのようなきっかけでも、また、キューブのどの面からスタートしたとしても、サクセスキューブをつくり続けることが大切です。

大きなキューブをじっくりつくるという生き方も素敵ですが、小さなキューブをいくつもつくる気持ちで、計画的に毎日を生きていくことも大事です。これができたら次はこれというように、将来やるべきことが明確になり、また成功体験を得て自信もつき、ワクワクした人生を送れるからです。

いくつもサクセスキューブをつくっていくうちに、成功体験から「こうすればサクセスキューブができる」という感覚をつかみ、思いをもつだけで、先が見通せるようになります。

簡単にできる、難しいということも判断できるようになります。想定通りに事が進むかどうかはわかりませんが、こうした手順を踏めば、この課題をクリアすればこうなる、という予想ができます。期日を決めて何かを成し遂げる経験を積んでいけば、期日までに何かをクリアできるということについて、確信が生まれるといってもいいかもしれません。

過去に、決めたことが期日までにできなかったことがあれば、それは経験の一部になり、どうすれば期日までに達成できるかという方法を身につけられるようになります。それを考慮して期日を決めるようになるのです。

サクセスキューブをつくり続けていると、キューブがうまく、早くできるようになるのは自明の理です。

なお、何かをしたいという思いをもってキューブをたくさんつくるとき、その何かをしたいという思いは個別のものであることもありますし、ある大きな思いを達成するために、その一部の思いをもつこともあります。

ある大きな思いの一部であれば、思いはすぐに固まります。この思いを達成するためにはこのサクセスキューブをつくり、次にあのサクセスキューブをつくるという感じです。

そして、背面の信念です。何かに取り組むときに、これは自分がやることだと決められる人は、どのようなことでも、思いがあればそれを信念に変えることができます。絶対に成し遂げよう、それは自分がやるべきことだと納得できれば、どのようなことに対しても同じ意識で真摯に物事に当たれます。

キューブをつくり続けて成果を挙げている人は、何かをするときに自分が納得して、率先し、情熱をもって物事を進めていくことが習慣になります。

一つ目よりも10個目、10個目よりも20個目と、キューブの数が増えれば増えるだけ、信念はすぐにできあがります。どのようなことであっても、より早くキューブをつくれるようになります。

左面の技術はどうでしょうか。

自分が培ってきた技術のなかで、次はこれを成し遂げたいと思うときに、対象となる技術をすでにもっていたり、経験から早く身につけられることもあります。

たとえば、パン好きの一級建築士が、突然パン屋を経営したいと思い立ったときのことを考えてみましょう。

パンを焼くことや、パン屋を出す地域でどのようなパンが売れるのかなどの販売戦略に関する技術力は、その業界に入ってみなければわからないこともあります。

パン好きであったとしても、店を出すとなると自らパン屋に勤務し、パンを焼く技術や販売の感覚を身につけなければなりませんし、職人を雇い、新たな知識を得なければならないかもしれないのです。

しかし、すでに店舗の設計は何度も手がけていてお手のものであったり、設計事務所で人を雇用していれば、スタッフにどのように働いてもらうかについてはまったくの門外漢ではありません。接客についても自分が客として訪れている店から学び、また反面教師としてスタッフを指導することができるので、常識的な人であれば、どのように接客すればよいのか想像はつきます。

あえて直接経験をしなくても、社会人としての経験を積み、どのような業種であっても仕事をしている間に、さまざまなことを学び、応用できる技術を身につける機会が増えてくるのは間違いありません。

次に人間力です。人間力は思いをつくるごとにゼロから一つひとつつくりあげていくものではありません。その人に備わっているものがあり、新しいサクセスキューブをつくるときには、過去の人間力よりも高いレベルでのスタートになります。

思いをもち、その達成を繰り返していくと人間力は自然にできあがってきます。

もちろん、本来自分のもつ人間力が発揮できないこともあります。

思いを達成したいために、自分の気持ちや本来こうすべきというところを曲げてしまう場合です。せっかく自分が身につけてきた、豊かな人間性を捨ててまで、利己的に何かを成し遂げようとするケースです。高い感性や誠意、思いやりをなくしてまでも、自分の思いを優先して達成したいと思えば、それは他者に伝わり、その思いは成就しづらくなるでしょう。

人間力とは何かを心から理解し、高め続けていくことができるように心がけていけば、ゼロからのスタートではなく、サクセスキューブをつくればつくるだけ高い人間力を身につけることができます。

サクセスキューブの正面のコミュニケーションも同様です。何かを成し遂げるために他者と接点をもち、成長しながら成果を挙げてきた人は、コミュニケーションにも強くなります。人としてコミュニケーションをとるときに行うべきことを身につけ、相手に不快な思いをさせることもなくなります。コミュニケーション力は、体調が悪いとか、他に心配ごとがない限り、発揮できないことはありません。

人間力を駆使して思いやりをもつとともに、礼儀や礼節など、人と接するときに大切なことを前提として行動すれば、成果を挙げることができます。

これまで見てきたように、いくつも思いを達成し、満足を積み重ねながら達成感を得て成功する人は、次の思いに取り組むときに成功の6要件のうち、ある部分は継承されます。

成功すればするほど、何かをはじめるときにそれらが機能し、楽な位置からスタートを切ることができます。

経験から多くのことを学び、焦点を絞り、目的をもって何かをつくりあげていけば、成功の6要件に大きく影響を与えていくことがわかります。

なお、なんとか自分で成功し、サクセスキューブをつくりあげたとしても、その結果が100点満点ではないことが多くあります。

自分がつくりあげたサクセスキューブをよく見てみると、「本来はこうすべきだったのに、できなかった」とか「こうしなければならないのに、大目に見てもらった」、あるいは「まだまだ、こういうことができたのではないか」ということがたくさんあります。

振り返ってみれば、過去のキューブづくりには、必ずどこかに気づきがあり、修正すべき点があるはずなのです。新しいキューブをつくりはじめるときにそのことを思い起こし、キューブづくりの参考にします。

そうすることで、過去の失敗を繰り返さない、もっとうまくやるという流れが自然にできてくるのです。

これらに気づかなければ進歩はありません。常に振り返り、反省することで、サクセスキューブは常にうまく早くできるようになります。最後の最後まで、自分のサクセスキューブは常に変革しながらつくらなければならないと考えて生きていくことが大切です。

サクセスキューブをつくり続けていけば、次のサクセスキューブは以前よりもうま

く、そして早くできるようになり、次のサクセスキューブはさらにその前のものより
もうまく早くできることを忘れてはなりません。

4 満足とは液体である

本書でいう満足とは、どのようなものをいうのでしょうか。何かをつくりはじめて、それがどの程度うまくいっているのかを、自分の成功の6要件がつくりだしたかたちを見て判断します。ここで、各要件のでき具合を評価するのは自分の意識であり、感覚であり主観です。

客観的に高い評価を得れば満足の源泉になることもありますが、本書では、まずは自分が満足を得て達成感をもつことを成功としているので、他者の評価も参考にしつつ、自分の感覚で成功の6要件の現状を評価してみなければなりません。

今、自分でつくりはじめているいくつかのキューブを、一つひとつ見直してみます。たとえばキューブの信念、技術、人間力、コミュニケーションのなかで一番低い面を見つけます。常に一番低い面に着目し、その面を引き上げていけば最終的にはすべてが目標とする正方形に育ち、キューブは完成するからです。

最も低いと感じた面について「不足する要件を引き上げていこう！」と決意し、引き上げるために何をすればよいのかを決めて活動します。

「まだまだ技術が不足している」「人間としてまだまだだなぁ」「あそこでもう少しこう伝えておけばよかった」といったことを考えながら、自分のなかで納得できるように事を運んでいくようにします。

ある活動をしながら、その活動のキューブの一番低い面の高さを最低のラインとして、人は満足を感じることができます。

当たり前ではありますが、人は思いをもち、信念をもっただけでは満足しません。実際に思いに取り組みはじめ、技術の習得、そして人間力づくりに取り組み、コミュニケーションをはじめ、少しでも思いを成し遂げるための行動を具体的に進める段階で、何かが進みはじめて人は満足を感じます。思いの上に、信念、技術、人間力、コミュニケーションをつくりあげ、サクセスキューブができあがりつつあるときに、それぞれの面のでき具合の一番低いところで満足を感じるのです。

底面があり、背面が100％できて正方形になり、左面の技術が50％の長方形、右面の人間力、正面のコミュニケーションが3分の2の長方形になっているとすれば、満足は最も小さい左面の高さまでしか得られません。

これがサクセスキューブの特徴であり、サクセスキューブをつくるなかで満足はどこまで得られるのかということの考え方です。

前述したように、キューブ（箱）を実際につくってみれば明白です。満足を液体とすると、液体は一番低い面の高さまでしか溜まりません。表面張力があるとしても、たいして変わりはありません。液体は一番低い面から大きくせり上がっては絶対に溜まらないのです。

高い面や低い面があるキューブをつくっているときには、満足は、つくりあげているキューブの一番低い面の高さで感じるものだと覚えておいてください。

ただし、キューブに溜まる満足の質は、その人の性格によって影響を受ける可能性があります。

さっぱりした人は、何かを成し遂げつつあるとき満足したとしても、あっという間に次のキューブに気持ちが移ってしまう性格なので、満足にいつまでも固執しない。一つできたら、次に進もうという人です。満足は、さらさらしている液体であると想定されます。

その反対に、粘着質な人は、何事も一生懸命諦めずにやる代わりに、満足したことにとても執着し、終わったあとの余韻に浸り続けるという傾向があります。本人が気づく、気づかないにかかわらず、満足は自信を伴った液体として、ねっとりしていると想像できます。

図17 液体（満足）は一番低い面までしか溜まらない

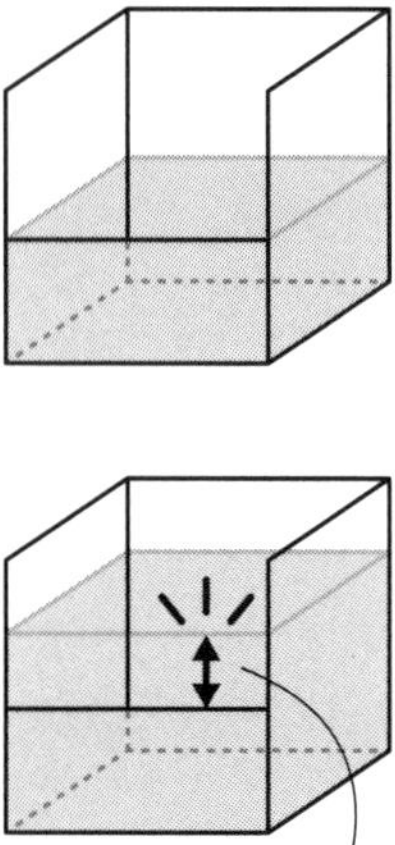

あまりにも粘度が高い場合、不足している面以上に満足が溜まり、実際につくりあげていない面についての満足を得てしまうことがあります。性格の属性により、できてもいないことに満足してしまうという状態になります。

粘着質の性格をもった人は、粘り強く諦めずに何かを成し遂げる反面、一つのことに固執するため、執着して成し遂げたことを過大評価するきらいがあるのです。

自分の実力を過信することのないように、常に謙虚に、かつ客観的に自分の性格を見つめ直し、キューブ各面のでき具合を評価するとよいでしょう。

5 満足を早く得られるようになる理由

サクセスキューブをつくり続けていると各面がうまく早くできあがるようになり、満足を早く得られるようになります。

これは、前述したように、キューブをつくり続けていると、徐々に経験を積み、成功への各要件を充足しやすくなるということから得られる効果です。

しかし、キューブをつくり続けていると、その特性からもう一つ面白いことが起こります。

それは、サクセスキューブの各面そのものが厚くなるということです。

思いが強くなることにより、思いの大きさは変わらず、思いの面が内側に厚くなります。同じ大きさの面で正方形をつくったときに、各面が縦にだけ成長するのではなく、内側に向けても厚くなっていくとすれば、底面と左面、右面と正面と背面に囲まれてできあがる器の空間、すなわち容積は小さくなります。

容積が小さくなるということは、液体である満足が早く溜まる、すなわち早く満足できることを意味しています。

同じ正方形の立方体で、薄い面の器と、内側に厚くなった面の器では、満杯になるまでの満足の量が後者は少なくて済むのは容易に理解できますね。

いくつもサクセスキューブをつくり、満足して達成感を得て成功する人は、どんどんうまく、早く各面を伸ばすことができるだけではなく、各面ごとの成熟度が増すため、面そのものが内側に向けて厚くなる結果を得られます。

信念の強さは、思いの面に影響を受けます（思いの正方形と同じ大きさにしかなりません）が、その先に見えている未来が鮮明であればあるほど、たとえ小さな目標でも、強い信念をもつことができます。強いというのは大きさだけではなく厚みに表れます。

技術も厚みがあるものになります。

技術の厚みは、そのキューブには関係なくても、より多くの経験をもつことにより、ある技術を深めることから生まれます。

人間力は、ご存じのように「厚みがある人」といういい方で表現されます。

コミュニケーション力も、技術や人間力、さらにはそのバックボーンとしての信念の強さに裏づけられて、厚みのあるものになります。繰り返しになりますが、サクセスキューブの面が早くつくれるようになるだけではなく、一つひとつの面が厚みを増すことで、早く満足できるようになると覚えておきましょう。

サクセスキューブをつくればつくるほど、目標達成の速度が上がるばかりか、満足を感じることができる速さも増すのを知っておくことが大事です。

図18 キューブの各面が厚くなると、液体(満足)が早く溜まる

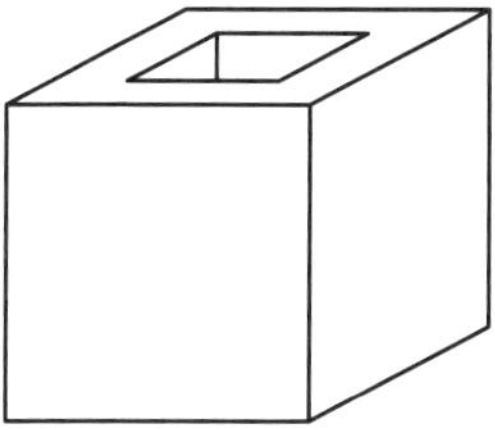

目標をたくさんつくり、サクセスキューブをたくさんつくることは、さまざまな効果を生むということです。

さて、キューブをたくさんつくれば、早くキューブができるようになり、早く満足を感じることができるため、小さくてもいいのでたくさんキューブをつくるべきだという話をしてきました。

しかし、それは大きなサクセスキューブをじっくりつくることを否定しているのではありません。時間をかけ、大きな目標を達成するという行程のなかで成果を挙げていくこともとても大切です。しかし、事あるごとに日常のキューブをつくり続ければいろいろな経験や、いろいろな学びもあり、またサクセスキューブそのものの特性から、得られるものが多くあることを忘れてはならないと思います。

6 満足と評価について

ここで、満足と評価について整理をします。

他者からどのような評価を受けても、キューブづくりを継続しなければ達成感を得ることはできません。他者の評価で満足し、達成感を得るということはサクセスキューブの定義から外れます。

しかし、説明しているように、他者の評価を得ることを目標の一つとしているのであれば、評価が低ければ自分が満足しても不足するものがあると判断して、すべての面を見直さなければなりません。

評価が低い理由が明白であれば、その部分を修正すれば済みますが、評価が低い理由がよくわからないときには、すべての面や得られた成果の見直しを行う必要があります。

思い、信念、技術、人間力、コミュニケーションが適切であったかどうかを一つひ

満足における主観と客観の関係

No.	主観的な満足	客観的評価	考え方
1	低い	低い	キューブ未完成
2	低い	高い	キューブ未完成であり、さらに活動
3	高い	低い	キューブ完成だが、見直しが必要な場合あり
4	高い	高い	キューブ完成

とつチェックしていきます。やるべきことへの思いが不足していたためキューブが求められるものよりも小さかったのか、技術が足りなかったのか、人間力に課題があるのか、不足するところがないのかなど、振り返ることで、よりよい成長機会とすることができます。

なお、他者からの評価を得ることを目標の一つとしていなくても、他者からの評価を得ることで、自分の満足レベルを高めていくことができます。

サクセスキューブをつくるプロセス、もしくはつくり終えたあとに第三者に評価をしてもらうことができる環境に自分を置ければ、サクセスキューブをより効果的に使うことができるようになります。

とはいうものの、客観的評価を行う他者が誰なのかにより、このロジックは影響を受けます。つくりあげるキューブを評価するにあたり、その評価に適切な人をどのように配置できるかが、キューブづくりのポイントの一つです。

評価者として不適切な人の評価を鵜呑みにし、自分の判断を誤ることのないようにしなければなりません。徐々に経験を積み、ネットワークができてくれば、この分野であれば誰、この領域は誰の評価を得るというように、適切な評価者をリスト化することができます。適切な評価者をもつことは、自分をより一層高めることになると気づきます。

なお、気をつけなければならないことがあります。いつも高い評価をしてくれる人をそばに置くことは心地よく、ストレスを感じませんが、自分を高みにもっていくためには、あえて厳しい意見をいってくれる、適切な評価をしてくれる、自分よりも優れた、尊敬できる人をどれだけ集めることができるのかが重要になります。

サクセスキューブを真剣につくろうとする人は、その重要性をよく理解しています。

自分の日常を適切に評価し、アドバイスしてくれる人がいることは、自分がしなければならないことや、したいことに気づく機会にもつながります。「あなたはここがよいけれども、ここに課題がある」とか、「ここはもっとこうしたほうがいい」「○○を身につければ、この仕事はさらによくなるよ」といったアドバイスが気づきを生み出します。

そうした点から、それぞれの分野において信頼できる人をもつことが大切です。キューブの評価をしてもらい、自分を高めるだけではなく、日常の評価を受けてキューブづくりのきっかけとすることもできます。

もちろん、さまざまな分野に長けている人をあなたの周りに数多く集めることは容易ではありません。彼らにアドバイスしてもらうためには、彼らがあなたと一緒にいることに興味があったり、あなたに関心をもつ必然性がなければならないからです。自分が優れたものをもっている、彼らの役に立つ、あるいは支援したいと思わせるから関係がつくれるのです。

ある分野に長けた人であっても、その人は完全ではなく、誰かの助けを得て生きています。人はそうしたことがわかっているので、意識的に、あるいは無意識に、自分にとって必要のある人と必要ない人の見極めを行っていきます。

あなたが人間力を身につけるとともに、ステージを上げていくことができていなければ、彼らと会うことや、いわんや支援を受けることはできません。ここまで進めてくると、適切な意見をくれる人をもつことは、かなりハードルが高いイメージがあります。長い時間をかけて自分づくりをしながら得ていくものなのかもしれません。

もう一つだけ、他者からの評価を自分の成長につなげる方法があります。

家族、近所の人、友達、仲間、上司、取引先の人など、あなたの行動に対して正直に意見をいってくれる人、すべてに支援してもらうやり方です。

あることに対し、よい、よくない、すごい、すごくない、こうしたほうがいい、こうしてはダメだ、などの意見をくれます。これはあなたの行動の評価です。

それを一つひとつ検証し、相手の立場や生き方、できれば性格や置かれている環境、価値観について考え、判断します。「彼であればそういう評価もあるだろう」「彼女であればそういう結論になるだろう」「この点はこういう理由から間違いだ」「これは明らかに感情の問題にすり替えられている」というように、相手を慮《おもんぱか》りながらも、公平公正、かつ客観的に自分を見て、適切な判断ができるよう訓練しなければなりません。

とはいうものの、人の評価を受けたうえで、自らがその検証を行えなければ主体性を欠きます。謙虚になることを忘れてはなりませんが、相手の評価がそのまま自分の評価ではないと常に心に留めておきましょう。

さて、人生の最終的な目標の一つは、自分がプライドをもって正しく生きることで

す。イキイキして楽しそうに活躍している人たちはそうした特性をもち合わせていま
す。人からどのように評価されたとしても、それを咀嚼して消化し、自分の現状と併せて客観的に、適切に評価できる自分をつくりあげることが大切です。

常にあなたを客観的に評価してくれる人が徐々に増えてくると、自分もその人たちの仲間に入り、さらに上のステージに人を求め、次に進むという循環が生まれてきます。

有名だとか、地位があるとか、お金持ちとか、そのような基準ではなく、適切な意見をもって、自分の満足を修正してくれる人たちを仲間にするためには、まずはあなたが目的をもち、日々イキイキと生活することが必要です。

周りにそれが伝わり、相手に影響を与えるとともに、あなたを支えてくれるようになります。類は友を呼ぶということでしょうか。そのなかからあなたの目で、「この人なら」という人を選択するところからスタートすれば、必ず相互に支援し合える好循環に入ることができると私は信じています。

「満足をもちながら成果を挙げ、達成感を得て成功する」というサクセスキューブの考えにおいて、満足を媒介とした主体的な自分づくりを行うために、他者からの評価を使うことを意識しながら活動するのが有効です。

第4章

サクセスキューブを使いこなす

【サクセスキューブ実践編】

1 サクセスキューブを活用する

第2章では成功の6要件について、また第3章ではサクセスキューブの基本的な考え方について説明しました。

そのうえで、ここからはサクセスキューブをどのように使い、成功につなげていけばよいかをご紹介します。

サクセスキューブを自分のものとして、具体的に使っていくための方法は以下の通りです。

(1) サクセスキューブにはどのような類型があるのかを把握する
(2) サクセスキューブを使うにあたって、思いをリスト化する
(3) 思いを達成するために、キューブに当てはめて行動する
(4) サクセスキューブの大小を意識する

（5）善のサクセスキューブをつくり続ける

サクセスキューブを実際につくり、どんどん活用していきましょう。

2 サクセスキューブの類型化

ここではキューブの各面の動きをダイナミックに伝えられるように、さまざまなサクセスキューブができていくパターンを類型化しています。

サクセスキューブの類型を理解することで、よりリアルに感じることができます。成功を現実のものとしていくために、サクセスキューブを自分のものとして理解し、縦横無尽に活かしていきましょう。

1 正統型

サイコロの目を拠り所に、基本となるサクセスキューブのつくり方を復習してみましょう。

1（思い）をもち、2（信念）に変え、何かを成し遂げるための3（技術）を身につけつつ、そのなかで相手を思いやり、相手のために行動するなかで自分を高めていくために4（人間力）を身につける。そして、他者との接点をもって技術力や人間力を高めていくなかで、5（コミュニケーション）が必要となります。

底面、背面、左面、右面、正面というように時間差はありながらも、キューブに振られた数字の順番で、正六面体が徐々につくられていきます。

まず思いをもつと、その大きさによりキューブの底面ができます。思いの面の一辺から信念が生まれ、背面をつくりはじめます。各面が、それぞれ正方形になることを目指し、背面に引きずられるように左面や右面が徐々に伸びていきます。両面に合わせて正面ができあがるという流れで、サクセスキューブができあがっていくのです。

各面ができるにしたがって、各面の最も低い面の高さまで満足が溜まり、成果を挙げて各面が正方形になったときに満足が頂点に達します。その時点で達成感を得ることで上面6（達成感）が生まれ、サクセスキューブが完成し、成功します。

何度もお伝えしたように、1（思い）の面から伸びた2（信念）の面が高く、3、4、5と他の面が追従して伸びるものの、全部が同時にできあがっていくものではありません。

どの面が優先して伸びていくかは、その人によって異なるからです。

思いをもった途端に信念が湧き出て、キューブの思いの面が、あっという間に信念の面を伸ばして完成し、L字型の2つの面ができあがることがあります。

技術も半分くらいはすでに自分がもっているものを使えたとして、たとえば、正方形の2分の1の長方形がL字型のキューブの左面に足されます。

人間力はまだまだであり、4分の1の長方形しか右側に伸びていないかもしれません。

人と話したり接したりすることは得意であり、億劫《おっくう》がらずにすぐ対応できるとすれば、3分の2程度の成果を挙げて、その大きさの長方形があっという間にプラスされたりします。

どのようなことを行うのかにより、また人により、各面の動きは異なります。

それぞれの面の成長には個人の経験や力量が影響するので、できあがっていくまでに時間差があるのが普通です。不揃いの長方形の4面が底面から伸びてできあがった箱がイメージできるでしょうか。

正統型では、思いや信念、技術、人間力、コミュニケーションの面が、その速度は異なるものの、相互に影響しながら、それぞれが伸び、最も低い面の高さまで満足を溜めながら、４つの壁に囲まれた箱をつくります。

底面にある思いの正方形を４つの正方形が取り囲み、満足が満杯になったときに、達成感を得て上面の蓋になり、サクセスキューブが完成します。当初の思いが達成できた瞬間です。ここで説明したかたちが、サクセスキューブの基本形であることを確認しておきましょう。

まずは自分の頭のなかに底面（思い）をつくり、そこからサクセスキューブをつくりはじめます。

そして、思いに対する信念、思いを達成するための技術や人間力、そしてコミュニケーションの各要件がどのくらい伸びてキューブができているのか、頭のなかにあるサクセスキューブのでき具合を常に確認しながら行動します。

心のなかで、人はいつも何かをうまくやりたいという小さな思いや、大きな思いをもっています。また、心の深層に確かに存在しているけれども、漠然としていてかたちになっていない思いもあるかもしれません。

図19 正統型のキューブ

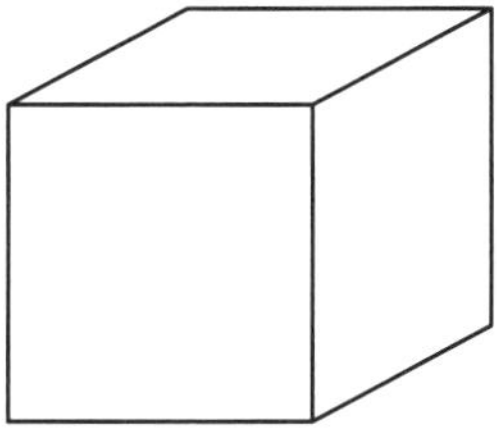

キューブの考え方を理解し、サクセスキューブをつくり成功するために、心のなかにあるさまざまな思いを一つひとつ呼び覚まし、整理してみましょう。

そして思いが明確になったものから、それが小さくても、大きいものでも、思いごとに一つひとつキューブの底面をつくり、それに合わせて各面を確認しながら行動すれば、必ず成果を挙げることができます。

そのためにサクセスキューブを使い、行うべきフレームワーク（枠組み）づくりを常に自分のものとして使いこなし、行動することが大切です。

2 ▫ 背面欠落型

何かを行うときに、思いだけで信念がない状態でキューブをつくりはじめるケースがあります。思いから直接技術の面や、人間力の面が伸びはじめ、さらにコミュニケーションをとりながらキューブをつくりあげていくタイプです。

信念の面が欠けているキューブは、自分の思いを実現するよう行動してきたけれど、自分が本当にやるべきことであったのかどうかをいつも悩まなければなりません。

一般的に、信念がなくても成果が挙がれば満足することもあります。物事の満足には差があり、信念はないけれども、何かをはじめてコツコツ頑張っていたら、技術も身につき、一人前の人間としての力もついてきた、そして、コミュニケーションもうまくいって、自分の思っていることが成し遂げられたときには、それなりに満足し、成功したという達成感を得ることがあるのでしょう。

しかし、サクセスキューブのフレームワークでは、それを成功とはしていません。信念なく何かを成し遂げたとしても、それは本当の意味での成果につながらないからです。何よりも信念がないときに、本当に満足することはできないと考えています。

たとえば「手に職をつけなければならないから資格試験でも受けよう」と思い立ち、ある資格のために、専門学校の講師にいわれるままに毎日懸命に勉強して、試験に合格したとしましょう。

思いをもって技術も身につけ、仲間をつくり、講師にお願いして丁寧に教えを請うなどコミュニケーションをとりながらぐんぐん知識を身につけ、試験に合格しました。しかしいざ試験に受かってみると、それを活かして次のステップに進もうという意欲が湧かないといったことがその例です。

資格をとって何をしたいのかが明確でないときに、その資格が活きるはずはありません。単に資格をとることが目的になっています。

資格をきっかけとして、自分が力をつけ、こんなことをしたい、あんなことをやりたい、社会にこのように貢献したい、これは私の仕事だと信念をもって試験に取り組めば、試験を通過点として、その先、次の展開を考えてさらに挑戦がはじまります。

また、キューブができあがるプロセスにおいて、頑張らなければならないとき、なんとしても成果を挙げていきたいときに、踏ん張りがきくのは信念があるからです。

くじけそうになったり、うまくいかないときに自分を支えてくれるのは、最終的には揺るぎない信念です。身近にいる家族や知人、友人が自分を支えてくれることもあるかもしれませんが、自分に絶対にやりきるという信念がなければ、周りの人も懸命に支えてくれません。キューブができるプロセスにおいて、信念があるからこそ情熱が生まれ、他者を巻き込んで自分の力とすることができるのです。

信念(背面)ができあがっていないキューブには、液体のように流動性のある満足が溜まりません。背面のない箱は、本当の箱になっていないからです。

正統型であれば、その大小にかかわらず、満足が満たされた立方体として、しっかりした重みをもち、「でん」としてそこに存在しています。

しかし満足が溜まらない背面の空いたキューブは、立方体にはなり得ません。正面から見ればキューブのようですが、実は5面の箱のかたちをしており、満足が溜まっていないため、箱はとても軽く、また背面がないために、背面方向から風が吹けばスーッと動いてしまいます。

風の向きによってどちらに飛んでいくのかは皆目見当がつきません。地に足が着かず、付和雷同する可能性があります。

資格のたとえでいえば、この資格は本当に役に立つのだろうか、いや、やはりこれではなく、あの資格のほうがよかったかもしれないと気持ちがフラつくといった具合です。

後ろに回られて観察されれば、信念のないことがすぐばれてしまいます。背面のないキューブばかりつくっていると、「芯のない人」として信用されない可能性があります。信用されなければ、何かを進めていくときに適切な支援を受けられないことになります。

こうしてみると、いかに信念が大切なのかがわかり

図20 背面(信念)欠落型のキューブ

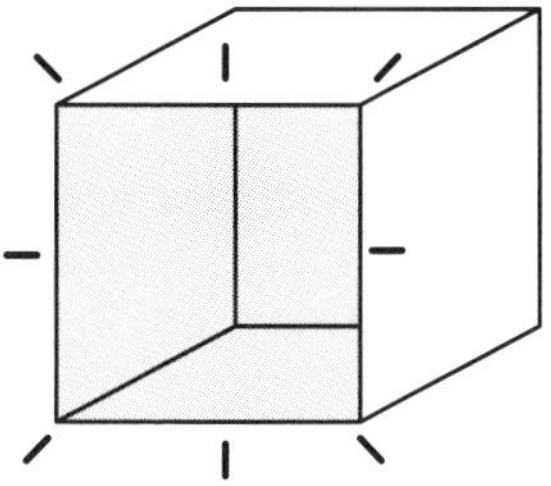

ます。

なお、強い信念がなくても、思いの面が背面としてそのまま伸びて、信念の面の代替をすることもあるかもしれません。簡単な目標であれば、このように思いの面だけでキューブが完成することも確かにあります。

ただ、それは小さなキューブをつくるときであり、時間をかけてつくりあげるキューブの場合には、やはり、これを行うことが自分の使命だ、自分にしかできないという信念をもって行動に移さなければなりません。

思いを信念の代替とするのではなく、思いを信念に変えながら、キューブを完成させていくことが大切です。背面（信念）なしに、サクセスキューブづくりをスタートすることのないようにしていかなければなりません。

3 左面先行型

左面、すなわち3（技術）の面を最初につくりはじめるケースです。自分がやりたいと思っていなかったことでも、何かをやり続けることで自信になり、それをこれからの自分の仕事にしていこうということはよくあります。

深く考えずにネットで応募して面接を受け、飲食店でアルバイトをしていた学生がいました。

アルバイトを日々こなしているなか、焼き鳥を焼くことや、接客することが面白くなり、工夫をしながら旨い焼き鳥を焼こうと頑張りました。みるみる腕をあげ、彼はいつの間にか玄人はだしの焼き鳥が焼けるようになりました。

客から「この焼き鳥はおいしいね」といわれ、工夫をすれば喜んでもらえることを学びます。この経験が嬉しく、人に喜んでもらえるようにさらに頑張っていこうと思いはじめます。そして「自分はこれを仕事としていこう」「俺は接客業に向いている」「この店の運営をしたい」と思い、底面をつくり、サクセスキューブをつくりはじめます。このようなものがその事例です。

すでにあった3（技術）の面に、1（思い）や2（信念）、そして、少しできはじめていた4（人間力）や5（コミュニケーション）が追加されて、各面の不揃いな箱ができはじめます。

箱のかたちができるにつれて、満足が溜まり、自分で何かを成し遂げたという領域にまで高めることによって6（達成感）を得て、このケースでいえば店長になった時

図21 左面（技術）先行型のキューブ

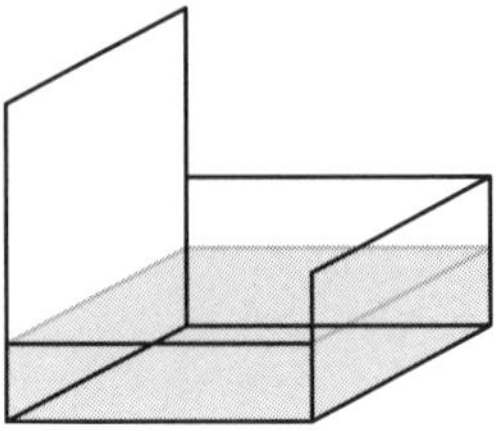

点で一つのサクセスキューブが完成します。

この例では、たまたま焼き鳥を焼くことの楽しさに気づき、技術を身につけたあとに思いをもち、キューブをつくりはじめました。

信念らしきものが生まれ、自分で決めた領域に達したときに成功という結果を得ることができたのです。このケースでは左面が先行したものの、技術から思いができ、それが信念につながって次のステップに進んだのであり、最終的には正統型のキューブへのアプローチが行われたことになります。

一方、技術先行でキューブづくりがはじまったものの、いただけない事例もあります。

小さいときから絵がうまく、いくつもの絵画展で賞をとり続けてきた画家がいます。強い信念があるわけではなく、ただ絵を描くのが大好きで、それが評価されてきました。彼は才能に溢れてはいましたが、多くの絵を描いている間に、その人の技術がますます引き上げられたケースです。技術が先にあったことからすれば左面先行型です。

技術が認められ、絵を描きたいという思いができ、さらに技術を引き上げることでキューブがつくられはじめます。

しかし、皆に喜んでもらいたいという強い信念をもって絵を描いているわけではありません。画廊がついて、絵が評価され高く売れるので、工房が大きくなり、弟子が大半の作業を行い、「商品」が量産されていきます。

本人は周りからちやほやされ有頂天になり、わがままで横柄なために評判は悪くなります。しかし高い評価を得てファンが多く、さらに画廊の力により高く売れるので、不満をもって離れる人も出てきますが、多くの関係者が文句をいいながらもつき合っています。

現状では、技術の面、とても高く売れるのでもっとたくさん商品をつくりたいという思いの面、そしてどのような信念にせよ信念の面をつくり、コミュニケーションの面もそれなりにつくっているかもしれません。

もしその画家が思いを、皆に喜んでもらえる仕事をしたいという信念に転換して、他者に感謝しながら絵を描けば、彼の才能はさらに磨きがかかり、より魅力的な作品が生まれるかもしれません。

さらに絵を広めていくためのいいコミュニケーションをとれる人であれば、もっと多くの人々が彼の生き方を背景とした絵を評価し、心から彼を支援することでしょう。

このケースは特殊かもしれませんが、技術に長けていても人間力も含め他の面が完成されていなければ、最終的には他者からの支援を得られないことは明らかです。

学生でも社会人でも、地域でも、趣味の世界でも同じです。

技術に長けていることをもって自然にキューブをつくりはじめたとしても、他の面がうまくできあがらなければ、満足を得て成果を挙げるキューブは完成しないと考えています。

4 ▫ 右面先行型

右面は人間力の面です。もって生まれた優しさや思いやり、育った環境を背景に人としての正しい行動ができる人がいます。

自分としては、これといってやりたいことがないときに、誰かから機会を与えられて何かをはじめます。

この人は、いい人で好きだ、この人と一緒に仕事をしていると楽しい、この人ともっと仕事をしたい、この人とならうまくやっていけると感じてもらえる人なので、相手から機会を与えられて仕事をはじめるケースです。

人は誰でも信頼でき、信用できる人と一緒に何かをしたいと考えています。

したがって、人間力を人から評価され、何かをしようと誰かから誘われることからキューブづくりをはじめることにも一理あります。

4（人間力）の面からはじまり、対面にある3（技術）を磨きはじめ、そこで5（コミュニケーション）をとりつつ、自分の1（思い）をつくり、2（信念）に変えながら、満足を積み重ね、成功につなげるというケースです。

しかし、すでにおわかりのように、ただ人がいい、というだけで何かを成し遂げることはもちろんできません。社会人であればなおさらです。

人間力があればよいコミュニケーションがとれ、物事がうまくいく可能性は高くなりますが、目標に合わせた技術が必要ですし、その人がその目標にしたがい、思いや信念

図22 右面（人間力）先行型のキューブ

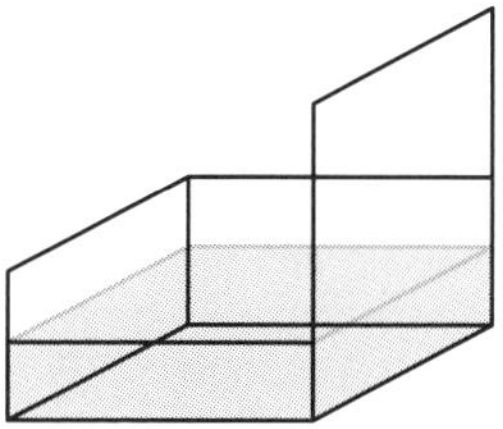

を強くしなければならないことは明白です。

そもそもキューブの6要件を充足し、サクセスキューブを完成させるために、最も貢献するのは思いです。思いがなければ信念も生まれませんし、本来は、信念が生まれなければ他の面が伸びていかないという関係にあるからです。ただし人間力は、思いや信念の次の要件としてとても大切です。

たとえ高いコミュニケーションスキルがあっても、「この人はひどい人だ」ということが透けて見えれば、支援を得ることは難しくなります。よほどのことがない限り、人間力が高くない人とは、誰もつき合いたいとは思わないからです。

人間力が伴わなくとも、自分一人の力だけでつくれるような小さなサクセスキューブであれば、それほど大きな影響はないかもしれません。しかし、他者との関係のなかでつくりあげるキューブのときには、そうはいきません。

自分のキューブのどこかに問題があっても、ただちにキューブづくりが止まるような事態にはなりませんが、キューブを早くつくる、うまくつくる、達成感を早く得るためには、人と人とのつき合いは大切であり、右面（人間力）がキューブづくりに大きな影響を与えます。

右面先行型は、人間力をもった人が、何かを思いサクセスキューブづくりをはじめることもありますが、どちらかというと他者から評価されてサクセスキューブづくりがはじまり、他の面が順調に完成するという、重要な類型の一つです。

5 ▫ 正面先行型

気づきをもってコミュニケーションの面を伸ばし、何かをしていこうという行動をはじめるかたちです。

話がとてもうまい人がいます。メラビアンの法則が正しいかどうかは別として、姿かたち、身振り手振りで相手が受け取る印象は随分と変わります。話し方や声の大きさやトーンが心地よく、話に引き込んでしまう人です。

しかし、さしたる思いもなく、また技術や人間力、そして最も大切な信念が備わっていないなか、コミュニケーションをとることで物事を達成しようとするのは、なかなか難しいことです。

何も伝えるものがない、あるいはあったとしても薄っぺらなとき、また信念からつくられる情熱が見えないときに、表面をとりつくろい、コミュニケーションをとるこ

図23 正面（コミュニケーション）先行型のキューブ

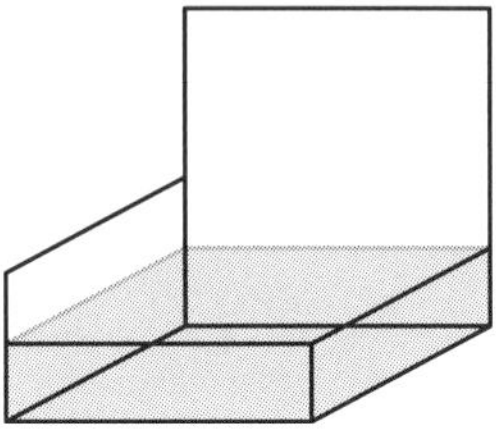

と自体が困難だからです。

仮に、これは面白いことだ、だからいろいろな人に話して協力者を得て何かをしたいというときに、思いや信念がなければ相手から見透かされてしまいます。

相手は話の内容から、その人の思いや信念、そして本気度を見ています。また、技術や人間力の集積である実力を窺っています。

コミュニケーション力が高くても、相手が正面から少し視線をずらして、下（底面）を見れば明確な底（思い）がないことがわかります。底が割れて（見破られて）しまうのです。

コミュニケーションの対面に信念がない、左右にある技術や人間力も期待ほどではないことがわかれば、何回かは話につき合ってくれたとしても、相手はそう何度も話を聞いてはくれません。この人は、一方的で何もないんだな、と失望されてしまいます。

相手も自分のもつコミュニケーション力を使い、こちら側のすべてを自然に感じ取っています。相手のニーズを満たそうと常に努力している姿勢が、コミュニケーションを維持発展させることができるのです。

本当に伝えたいことの中身がなければ相手には伝わりませんし、伝わったとしても薄っぺらなものでは受け入れてもらえないことを知らなければなりません。

技術や人間力を身につけたいと考え、コミュニケーションをとりながらそれらを習得する、ということはありますが、コミュニケーションの単独先行にならないよう心がけ、思いをもち、信念に変え、技術や人間力を一定程度身につけつつ、コミュニケーションをとらなければなりません。

6 達成感誘導型（達成感期待型）

そもそもキューブづくりにおいては、思いが各面を押し出すことや、できた各面同士が影響し合いながら引き上げていくことを想定しています。

思いが底面に接する他の面を押し上げ、信念やコミュニケーションの面が技術や人間力を引き上げる。あるいは逆に、技術を身につけることで、自信ややる気になり、技術の面が信念の面を引き上げたり、人間力が反対側の技術を磁石のように、あるいは人間力からコミュニケーション、コミュニケーションから技術というように技術の面を引き上げていくこともあります。

ところで、いきなり上面（達成感）ができ、空中に浮いてキューブづくりを誘導するということはあり得るでしょうか。実は、目に見えない達成感を得たいという強い願いが、他の5つの要件を引き上げる力をもっていることがあります。

達成感をキューブの他の5面ができた結果として捉えるだけではなく、大きな達成感を得たいという思いが疑似達成感になり、そのワクワクした、あたかも物事を成し遂げたあとのような意識をもって行動することによって底面ができ、他の4面が引き上げられていくことがあるのです。

何度もサクセスキューブをつくり、成功し続けていると、成功体験に裏づけられた自信がついて、何かをやりはじめれば必ずうまくいくという記憶が蓄積します。

また、成功して達成感を得られると想像しただけで、喜びを感じることができます。そのワクワクする気持ちが、思いや信念と協力して、キューブづくりに貢献するケースがあるのです。

何か目標を立て、「目標を達成したときにはこんな楽しいことが待っている」とか、

「自分の未来はこうなるんだ」とイメージすることで、エンドルフィン（脳内モルヒネ）が分泌されるといわれています。幸福を感じ続けることができるようになるのです。

これが、思いが各面を押し上げるだけではなく、達成感への期待が各面を引き上げるパターンとなります。

上面がキューブづくりを誘導するためには、多くの成功体験を積み上げることが必要です。成功には大小がありません。小さなサクセスキューブはちょっとした思いが基礎となってつくられます。大きな思いは大きなキューブをつくらなければ達成できません。一つでも大きなサクセスキューブをつくりあげた人であれば、より大きな達成感を得ているはずです。しかし、その一つだけでは自信をもつには足りません。キューブのフレームワークを使えば必ず達成感を得られる、というたくさんの経験を体に染み込ませることが必要なのです。小さくてもいいのでキューブをたくさんつくり、成功体験を積み上げる必要があります。

満足を得ながら思いを成し遂げ、湧き上がる達成感をギュッと抱きしめて、「私はやれば何でもできる」という自信をつけることが大切です。

思いをもてば、すぐワクワクする条件反射が生まれるところまで自分を高めていけるからです。ここまでくればしめたものです。

条件反射は経験により、ある刺激から生まれる反射行動をいいますが、パブロフの実験のように「思っただけでワクワクする」という無意識の感覚を得られるまで、意図的に訓練することもキューブづくりのポイントなのかもしれません。

図24 達成感誘導型(達成感期待型)のキューブ

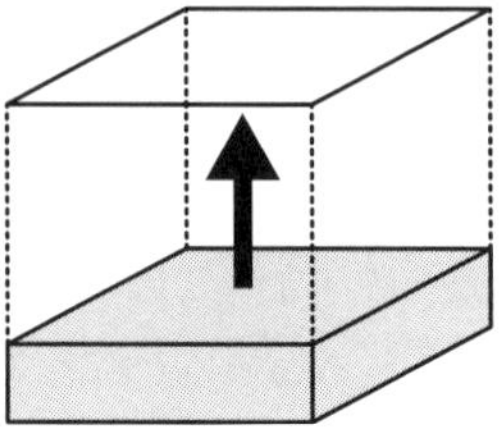

ただ、達成感を得てから何かをはじめるというのは論理的に矛盾します。正確には、「達成感を得られることのワクワク感が他の面づくりに影響する」という意味で、達成感期待型とでもいったほうがいいかもしれません。

達成感の面である6面を使うことで、思いをもち、他の4つの成功要件を早くつくりあげることができます。達成感期待型は、どのようなキューブづくりにも当てはまります。

サクセスキューブの類型のなかで、最も身につけなければならないかたちなのかもしれません。

過去に思いを遂げ、達成感を得たものをリスト化し、達成感の大きさを一つひとつ評価して、「ああ、あのときは気持ちよかったな」「もう一度あの気持ちを感じたい」という強い願いをつくるために、高い評価を得た経験を思い出してみるよう訓練することも、この型を使えるようになるいい方法です。

なお、過去のうまくいった経験を分析し、そのときのやり方を標準化し、うまく、早くやるためには何が要因であったのかを把握することも大切です。

このようなプロセスを踏むことで、自分の体験を頼りに、新しい行動への動機づけが行えることを覚えておくといいでしょう。

3 サクセスキューブの6要件をリストにする

実際に、サクセスキューブをつくりはじめます。

第2章の「思い」のパートでも触れましたが、いちいちキューブをつくらなくても、なんらかの思いをもって行動するだけで目的を果たす事柄を、たくさん抱えながら毎日は過ぎていきます。

今日は○時にどこに行って、誰とミーティング、そのあと会社に戻って誰と昼食、会議があり、そのあと○○の仕事を終了。あの仕事は（経験から考えて）1時間あればなんとか納得できる成果を挙げられる……といった具合です。

また、ちょっとしたキューブを使うとしても、日々の仕事は淡々と流れていきます。ある仕事を思いや信念をもって行っているとき、これをしようと決めれば、毎日の一つひとつの仕事に対して、いちいち信念があるかどうかなどと考えなくても、仕事自体は自然に信念につながり、すでにある技術や、人間力でカバーできることが多いからです。

そのうえで普段通りにコミュニケーションをとれば、そこそこ満足のいく結果を出せて、達成感を得られる場合が大半です。いちいち日々の仕事のなかでキューブづくりをする必要はありません。とはいうものの、キューブの考え方をもって、あえて小さなキューブをつくり続け、毎日の達成感を得ることもできます。

A社に対する見積もりは、A社が受け入れてくれる金額で、かつ自社でもぎりぎりの利益の出る調整をしたうえでの値決めをしなければならない（思い）。

そのためには、設計とのネゴシエーションや生産との打ち合わせが必要。○○営業部長にお願いして、いい線に落とし込めたら最後は設計や生産にお礼をいってもらえるよう段取りをしよう（技術）。

とにかく利益を予定通りとりながら、バランスのとれた対応ができるよう皆に協力してもらって進めていかなければうまくいかない（人間力）。

明日の1時に設計に行って、2時には生産に電話しよう。客先に出向いた帰りに工場に寄って頭を下げて、そのあとお礼の電話をかけてもらえるよう、明日朝一で部長にお願いしなくては（コミュニケーション）。

こうした流れで仕事をして、結果として1日でサクセスキューブを完成させ、達成感を得て夜に皆と祝杯を挙げる、といったかたちです。


しかし、たとえば、あるミッションのための1か月のタスクフォース（緊急性の高い課題のために特別に組織されるチーム）、半年かけて成果を挙げなければならないプロジェクトや、時間をかけてトレーニングしなければならない海外赴任のための試験や面接、2年以上を要する、プロジェクトマネジャーとして行う海外での工場立ち上げなどは、どれも相当の力を入れ、キューブをつくらなければうまくいきません（責任ある立場にいる人であればなおさらのこと、毎日のミッションに対してたくさんのキューブを用意して行動しなければならないかもしれませんね）。

中堅のビジネスパーソンが、海外での工場立ち上げを任されたとします。

それが未経験の分野であれば、思いをもち、信念に変え、技術を身につけ、現地で受け入れられる人間性と、その状況をつくりだすためのコミュニケーションをどのように行うのかについては、新しいことを多く学ばなければミッションをクリアするこ

サクセスキューブ要件リスト

キューブ名　**海外プロジェクト**

6要件	内容
思い	期日及び予算内で、スコープを明確に事故なく、マレーシアの○○に今までにない○○工場を立ち上げる。瑕疵なく工場を引き渡し、現地スタッフを軸に、最も生産性の高いラインを稼働させ、期待及び計画通りの製造が軌道に乗る。さらに……
信念	当プロジェクトは当社にとって重要性が高く、絶対に失敗できない。それは自分にしかできないこと。
技術	マレーシアの文化・習慣への知見、際立った英会話力、現地のスタッフへのHRM（ヒューマン・リソース・マネジメント）、○○建設やドイツのエンジニアリング会社とのコミュニケーション・ネゴシエーション技術、従来にない創造性、スタッフを統率するリーダーシップ、リスクマネジメント……
人間力	国内外関係者の立ち位置を理解し、部分及び全体のニーズに応えるために、誰からも認められる人間性をもつ。注意深く慎重に、しかし大胆に行動できる人間に成長する。
コミュニケーション	ミッションを伝える、相手から情報を収集し教えてもらう。結果として最適解を得られるよう、双方向の迅速な対応を心がける。
達成感	すべてが120％できること。自分はそのとき一回りも二回りも成長し、次の海外案件を任される人間になる。

とができません。

とりわけ期日が決まっているものは、集中してキューブをつくりあげるための努力をしなければなりません。

簡単にできるキューブについては普段の気づきのなかで自己修正しつつ、より高い技術、よりよい人間力を身につけるよう鍛錬し、コミュニケーションで腑に落ちない点があればなぜそうなったのかを分析し、進化させながら行動すれば足ります。

しかし、どうしても準備が必要なキューブについては、やりたいこと、やらなければならないことを、過不足なくリストに書き出して対応すること が効果的です。

面倒くさいようですが、このプロセスはとても大切です。

先ほどの例で、6要件を単純化して示すと前ページの表のようになります。

当然、この他に、プロジェクトマネジャーとして実行すべきことを網羅してスケジュールを立て、進捗管理を行いながらゴールに向かって行動することになります。

4 日々の仕事をキューブに当てはめてみる

簡単にできるキューブは、日々そのキューブづくりに励み、準備してつくるキューブは、必要な準備をしっかりと行ってからはじめます。

どのようなことでもよいので、何かの思いをもち、信念に変えて実行します。1の面をつくり、「〇〇のキューブをつくりはじめた」と自分のなかで宣言してもよいでしょう。

先の例に挙げた海外工場の立ち上げのプロジェクトを任された人であれば、毎日その仕事に精力を注がなければならないときには、まずプランを立て、メンバーを集め、タイムスケジュールをつくり、期日までに成果を挙げるためのPDCAサイクルを開始します。

キューブづくりの観点からいえば、今そのプロジェクトに対する自分の思いはあるのか、またその思いが信念に昇華されているのかを確認します。

「自分のキャリアのなかで、与えられた仕事はどうしてもやり通さなければならない。好きか嫌いか、やりたいかやりたくないかといえば、好きであり、絶対やりたい仕事だ。中途半端な気持ちで取り組んでいるのではない。本当に自分がこれを達成しなければならない。この仕事をうまくやることで成長できる。次のステップに進める」という思いになっているかを検証しなければなりません。

そこに必要な技術には、どのようなものがあるのか。知識や情報はすべて集めているか。本気で協力や支援をしてくれる人はどれだけいるのか。

それよりも何よりも、このプロジェクトを完成させるために、自分は何を学習し、どのようなスキルをもった人を集めなければならないのか、またどのような依頼をしなければならないのかを検証します。

相手は会社であり、上司であり、仲間であり、部下であり、外注先であり、最終品のクライアントや情報源であったりします。

相手の立場や、このプロジェクトに関する自分の立ち位置、そして相手との関係はどのようなもので、彼らは何を到達点としているのかを考えて整理します。

利害関係者が多ければ、その主たるところで、大まかにでも相手の立場ですべてを考えてみることになります。

そしてコミュニケーションです。期日までに成果を挙げるためには、どのような人にどのように動いてもらうのか、また支援してもらうのかを把握し、そのための期日管理をしながら、いつどのようなタイミングで、どのようなコミュニケーションをとればよいのかについて検討します。

ただ、時系列で進めていく途中で事が進まなくなることがあるのは想定できます。予想だにしない事件や障害が発生することを織り込んでおかなければなりません。

どのようなリスクがあるのかを可視化し、リスト化するだけではなく、対策についてもシミュレーションしておくことが求められます。

プロジェクトをスタートしたうえで、それぞれのキューブの面が実際に機能するのかどうかを確認しながら、プロジェクト成功のためのサクセスキューブをつくりはじめることになります。サクセスキューブの要件が揃えられるのかどうかをスタート時にチェックするとともに、キューブづくりをしながら不足するところを調整します。

なお、人は何かをはじめるときに、「こうして、ああして、こう行動しよう」と決めていても、慌てたり、精神的にダメージがあったり、体調が悪ければ、決めたことを計画通りに実行することができません。結局ダラダラした行動になったり、行うべきことが実行できない結果になります。

そうなる前に、日頃から精神力や体力を鍛えておかなければなりません。いうまでもなく、できる人たちは強靭な精神をもち、健康のために日頃から投資をし、節制をしています。

限りある時間をどのように有効に使うのかを考え、無駄な時間を限界まで削減することに挑戦しながら成果を挙げているのです。何事もうまくできる人はサクセスキューブをつくってきた経験を数多くもち、そのプロセスで学習しつつ、強い自分をつくることができています。やりたいこと、やらなければならないことを思いとして、そうした行動を生み出しているのです。彼らを目指し、決めたことをやり抜く決意をもってスタートを切らなければなりません。

何かを思い、思ったことに信念をもつ。信念をもつことで意志をもち、やる気を出して、そのために必要な技術を学ぶ。同時に自分が人としてどうなのか、自分の思いを達成するために十分な人間力をもてているのかを考え、自分をつくりあげるために行動し、信念を背景として、思いや技術や自分の人間力を外に伝えていくためにコミュニケーションをとりながら行動する。

コミュニケーションにより自分の思いを強め、技術を高め、人間力のありかを見つけながら成長し続けていけば、そのプロセスにおいて徐々に満足を得て、必ず思いを達成し、成功を自分のものとすることができます。

なんらかの思いをもち、資格を取得して、職業に就くこと、仕事で成果を挙げること、趣味で自分の思い通りに結果を出すこと、さらには自分を取り巻く社会や地域のなかで認められることなど、あらゆる場面での成果を享受することができます。

一つひとつの思いを達成し、成功を積み重ねていくことで、永久的な到達点ではないとしても、地位や名誉、金銭を得ることも可能です。しかし、成功とはそれらを得ることだけではなく、思いを遂げて満足し達成感を得ることです。どのようなことでも達成感を得る経験を積み重ねていくことが、人生であると考えています。

成功した人々の表情は、往々にして明るく、前に向かっているという迫力がありま す。目はキラキラして、斜め45度目線です。

多くは語らずというタイプの方もいますが、たいていは怒濤《どとう》のように自分の思いや、なんのために行うのか、ということを語ります。いや語り続けるといったほうが適切かもしれません。

何かを頑張っている人、何かをやり遂げてきた人は、常に何かをはじめるときに思いをもち、それを信念に変え、技術や人間力を動員して思いを誰かに伝えながら、成果を挙げています。

何かで成果を挙げ、その成果を積み上げながら、また次の何かをはじめている人たちは、自分一人では何もできないことを知っています。

だから自分の思いを伝え、共感を得て、また仲間に引き込み、あるいは部下を勇気づけ、鼓舞して同じ道を走ろうとします。自分の思いを相手に伝えることで、それが正しいか正しくないか、適しているのか適していないのか、また、今取り組んでいることが思いを遂げるために十分なのか、不足するところはないかを検証しながら、行動しているのです。

もちろん、仕事の場面でだけサクセスキューブを使うのではなく、趣味でも家庭でも、行おうとしたことをキューブの6要件を使って成果につなげる場面は無尽蔵にあります。

たとえ斜め45度目線ではなくても、語り続けることがなくても、成果を挙げ満足し、達成感を得て成功することはできます。

表面的な状況が素晴らしいというのではなく、ある人がキューブの考え方を身につけて、派手さがなくても、目立たなくても自分の思いを成し遂げ、満足しつつ達成感を得て成功することがすごいのです。

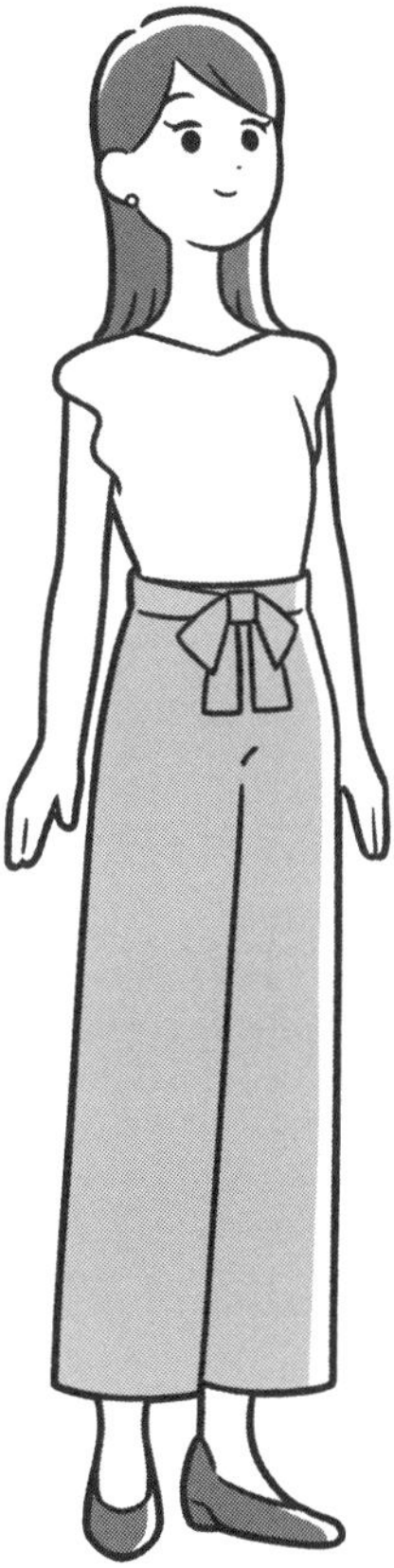

5 キューブの大きさをイメージする

成功には大小がないと説明していますが、行動を開始するときには、自分にとってそのキューブは大きいのか、小さいのかをイメージしてからキューブづくりをスタートします。そのことは、時間の使い方や自分のキャパシティの配分、そしてモチベーションに影響します。大きなものをたくさんつくることが物理的に困難であることもあります。いつどのようなキューブをつくりはじめるのか、いつまでに完了するのかを決めることが大切です。それは、「結構大きめかな」「まだまだ小さいな」といった程度のものでよいと思います。自分がつくっているキューブを整理するときに役に立ちます。

なお、自分で見極めるキューブの大きさは自分の経験や実力と反比例しています。力があれば何かに取り組むときに対象は小さく見えるでしょうし、また力が足りなければ対象はとても大きく感じます。

同じプロジェクトメンバーであっても、経験が少ないAさんにとっては大きなサクセスキューブづくりに取り組むことで気持ちが高揚するかもしれませんが、熟練した実力者のBさんにはそれほどのキューブではないこともあるでしょう。

過去を振り返り、昔はとても大きなキューブに感じたものが、今はそれほどでもないと気づくときに自分が成長できたことを喜べるかもしれません。

また、思いによってその大きさが影響を受けることもあります。Aさんにとって大きなキューブであるはずなのに、それを認識せず適当に流してしまうケースです。思いが小さければ続く信念、技術、人間力、コミュニケーションの面も小さくなり、完成するキューブも小さいものになります。

逆に実力者のBさんが、プロジェクトを自分が成長できる機会として捉え、強い思いをもってキューブをつくろうと決意すれば、Bさんにとって決して楽な取り組みではなくなります。自分の要求水準によって大きなキューブにもなるケースです。

結局、何かを乗り越えようとして、常に強い思いをもって取り組みを行っている人は、常に大きなキューブをつくりあげ、大きく満足しながら達成感を積み上げている人だといえます。そういう人はいつまでも成長し続けます。

大事なのは、どのような力をもっていようとも、常に今の自分を超える思いをもち、信念に変えて闘い続けていくことなのかもしれません。

なんらかの思いをもって行動をはじめる人は、成功の6つの要件にそれらを当てはめて、自分を乗り越えていくために、キューブの大きさをイメージし、その各面がどこまでできているのかを検証しながら仕事をしていきます。

6 善のサクセスキューブをつくり続ける

サクセスキューブの6つの要件が成功のポイントだということを認識し、日々たくさんのキューブをつくることができれば、性別や年齢、職業にかかわらず、誰でもいつでも多くの成功を生み出せます。

簡単に理解できる、サクセスキューブの6つの要件を自分のものとして活用し、小さな成功を積み上げていくことが人生なのです。

もちろん、サクセスキューブを活用して生きていくことは素晴らしいですが、いつもキューブをつくり続けていくことはできないかもしれません。途中でうまくいかなくなって匙《さじ》を投げてしまうこともあるでしょう。力が足りずに地団太を踏むのもよくあることです。気力がなくなって疲れたときには休み、挫折したときには過去を振り返りながら、うまくいかなかったことの総括をします。

立ち直ることができないときには、その流れに身を任せることも必要かもしれません。元気にアクティブに行動できないときは、キューブづくりを途中で止めることもあると思います。

しかし、自分の思いがある限り、時期がくればまたキューブをつくる活動に取り組むことができるはずです。欲求のない人生はありえません。どのような欲求でもキューブのかたちに変えて行動すると決めれば、いつでもキューブづくりをはじめられるし、休むことも容易です。だからトライし続けることです。

うまくいかずに投げ出したキューブづくりで体験したことはすべて、自分の経験として次のキューブづくりに必ず役立ちます。

こうしたために受け入れられなかった、こうしたから失敗した、という経験を積むことが次のキューブづくりに大きく影響します。学習したことを次のキューブに活かせればそれでよいのです。技術が不足してうまくいかなかったこと、そして人間力が不足して先に進まなかったことを認め、次はこうしてみよう、このように取り組もうと考えることが大切です。人と話すときにはこうしたことに気をつけよう、相手の話をよく聞いて、わかり合ったうえで自分の話を理解してもらうようにしていこうなど、さまざまな経験はすべて自分の血肉になります。

自分の思いを達成したいという意志をもち、キューブづくりにトライしている限り、自己改革がとぎれることはありません。小さなことでも目標をもってチャレンジしている限り、そのこと自体が自分自身を大きくしているのだということがわかります。

キューブを常に認識し、ここにこんなキューブがあるというイメージを自分でつくれるか、どうすればキューブが完成するのかの設計図をもち、今、自分の抱えるキューブがどのようになっているのかをわかっていることが重要です。それさえ確認しておけば、いつでもキューブを使うことができるのです。

繰り返しになりますが、サクセスキューブは法律や社会のルール、常識に抵触しない思いからはじめることが前提です。会社のため、家族のため、自分のため、○○のためと理由をつけて、気づかないうちに道を踏み外してしまう例は枚挙にいとまがありません。さまざまな角度から思いを評価し、どこから見ても間違いのない思いであるというチェックをしたうえで、キューブをつくりはじめなければなりません。

善を前提として、なぜそうしたいのかの思いをもって行動していけば、キューブを使い、成功できないことはありません。

日々思いをもち、キューブに乗せて満足する、そして時には他者から評価される活動をしてサクセスキューブをつくり続ければ、例外なく思い通りの人生を送ることができることを再確認しておきましょう。

第5章

人生の
サクセス
キューブ

1 日常のキューブと人生のキューブ

「器が大きいね」とか、「器の小さい奴だ」という言い方があります。人は器をもって生まれます。もって生まれた人の器は、遺伝子や生まれ育った家庭、また後天的に幼少期の環境に影響を受けるといわれています。

それでは人の器とは、いったいどのようなものをいうのでしょうか。

人の器には、その人の大きさという意味があります。大まかにいえば、大きい器であれば人間が大きいということを表し、小さい器は人間が小さいということなのでしょう。大きな器にはたくさんのものが入るので、容易にイメージできますね。

もう少し具体的にいえば、器の大きな人の属性として、ふところの深さ、聡明さ、冷静さ、他人への寛容さ、明るさ、自分に対する厳しさなどが挙げられます。

評価はそれぞれ異なるものの、大きな器をもった人は、多くの人から安心して受け入れられ、信頼され、信用される人柄であるというとわかりやすいと思います。

たしかに、ある人としばらくつき合うと、その人となりが見えてきます。「ああ、この人は人の気持ちがわかる人だ」とか、「いつも冷静で安心できる人だ」「度量が大きいな」とか、「仕事ができる人だ」など、いろいろなことを感じます。それが人の器だという理解です。

人生の器も、立方体、正六面体で表現することができます。ここでいう器を人生のキューブといいます。

生まれてからじっとしたまま何もせず一生を終える人はいません。意識するか、意識しないか、また自ら望むか、望まないかにかかわらず、さまざまな思いをもち、それらを達成するために生きています。

人は決めた目標を達成するために日々行動し生きている、という意味で、サクセスキューブのことを日常のキューブと呼んでいます。

気づかないうちに目標をもつことを忘れ、周りに流されて生きている人もいますが、生きている限り、いつでも日常のキューブをつくりはじめるチャンスはあります。

これをしたい、しなければならないという思いをもち、サクセスキューブの考え方をもって行動すれば、いつでもどこでも日常のキューブをつくり、そのときどきの目

図25　人生のキューブを日常のキューブで埋める日々が
人生そのものである

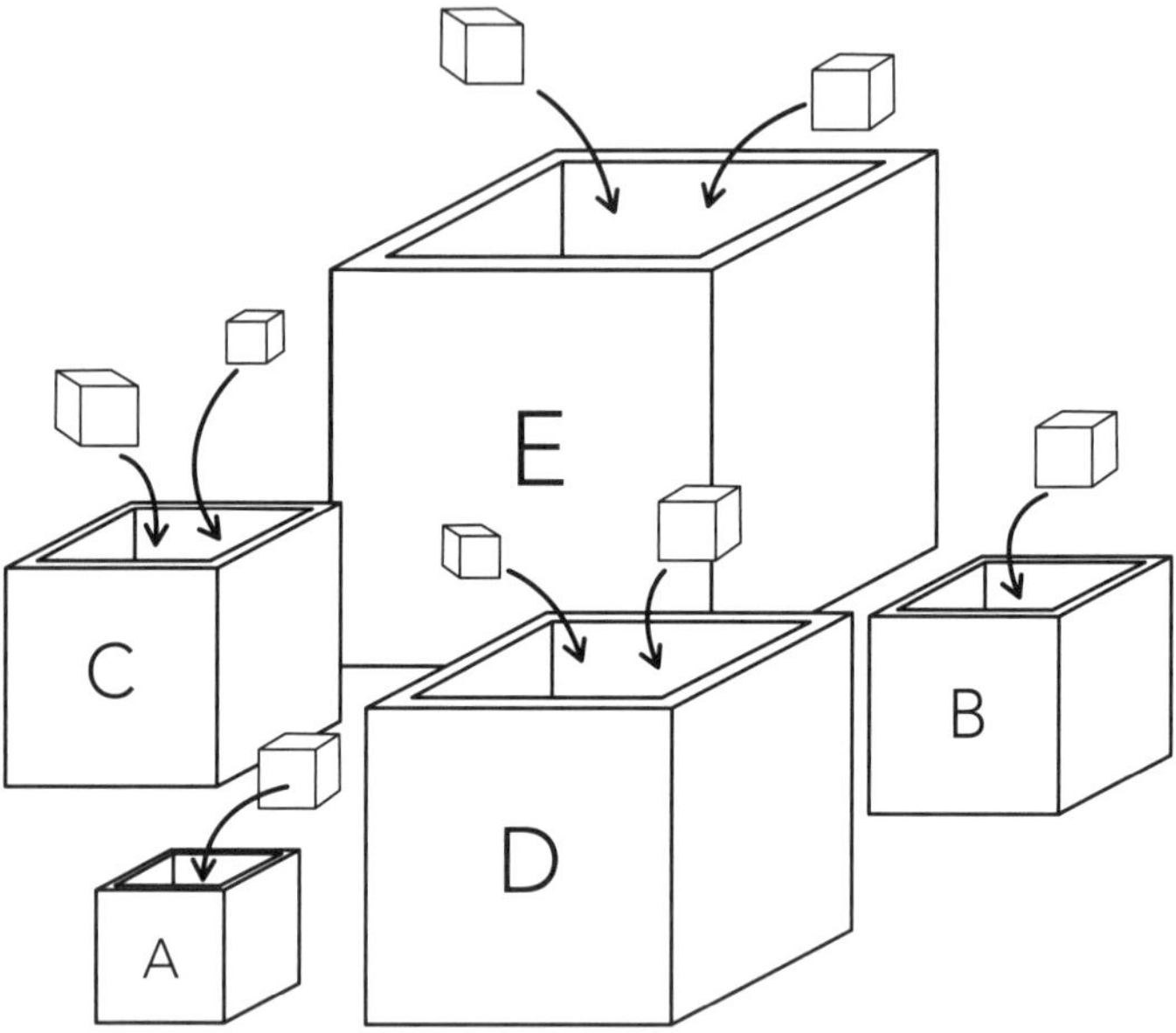

標を達成し、成功することができます。

日々つくることのできる日常のキューブの一つひとつは、いうまでもなく、もって生まれた人生のキューブよりも小さいものです。

人は、もって生まれた人生のキューブのなかに、日常のキューブを一つひとつ入れながら生きています。「人生のキューブを日常のキューブで埋める日々が人生そのものである」ということができます。

2 自分のキューブを自分で評価する

ところで、皆さんは自分の器の大きさがわかりますか？

もう気づいているように、人の器は、はっきりと目に見えない曖昧なものです。人生のキューブがどのくらいの大きさなのかはっきりとはわかりません。

何かの出来事のあとに、他人からいわれて、「そうかなー」と自分の器の大きさに喜んだり、逆に器の小ささを思い知らされたり、ふとした拍子に自分で自分の器の小ささに気づいてしまうこと以外に、人生のキューブを意識することはないでしょう。

もちろん、自分の人生のキューブが大きい、小さいということを感じたとしても、その大きさを正確に測れる人はいません。

大きさを測るのは、あくまでも他人や自分の印象です。他人からの感想や、自分の気持ちでしか人生のキューブの大きさを測定することはできないのです。日常のキューブも同じです。誰もが人生のキューブの大きさや、日常のキューブの大きさを測る基準をもってはいません。

私の人生のキューブは何十リットルの容量があり、今完成した日常のキューブは何ミリリットルだということは誰にもわからないのです。

ただし、日常のキューブでいえば、自分と他人のそれとの明確な比較は難しくても、自分のキューブ間の比較はできます。

たとえば少年時代、思い出の運動会で一番になるための練習をして成果を挙げ、達成感を得て完成した日常のキューブと、大学受験のキューブ、趣味で何かを成し遂げたキューブ、会社に入ってプロジェクトで成功したときのキューブなど、それぞれの大きさを比較することはできます。

「あのときの努力があったから、あの目標を達成したからこそ今の自分があるんだ」といった記憶に残る日常のキューブを思い起こすことは容易です。

また、他人にはわからなくても、自分は今までどのような日常のキューブをつくり、どのように達成感を得てきたのか、そして今、どのような日常のキューブをつくりはじめているのかが自分にはわかるのです。

できあがった日常のキューブは、小さなキューブもあるし、また大きなキューブもあります。

なお、他人から見てもわかる日常のキューブをつくったときには高い評価を得て、自分が想定していたよりも大きなキューブをつくれることもあるし、大きいと思っていても他人から見れば実は小さいキューブであり、高い評価をされないこともあります。思いを達成して自らが満足することが大切ではありますが、結果として、多くの人からさまざまな評価を受けて、日常のキューブの大きさがより鮮明になることがあるのです。振り返りをすれば、自分に不足しているものを主観的にも客観的にも把握することができます。

こうしてみると日々日常のキューブをつくり、自分で満足しながら達成感を得ている人は、「自分はこんな人間なんだ」「こういう部分にまだまだ力が足りないな」というように、自分がどんな人間なのかを自分で意識することができるようになります。

キューブづくりで経験を積めば積むほど、自分を鮮明かつ明確に評価できるようになるのです。

「あの日常のキューブをつくれたのは、自分が冷静になれたからだ。以前より相手を許せるようになったし、何よりも相手の立場に立てるようになったかな」などと振り

図26　日常のキューブをつくればつくるほど、人生のキューブの大きさを理解できる

返りながら、自分はどのような性格で、どのようなことを成し遂げられる人になったのかを判断することができます。

そして、「私はこのような人間である」と整理していけば、自分なりの器＝人生のキューブも見えてきます。

自分の器が大きいのか大きくないのかを、自分で評価することができるようになります。ここで、日常のキューブをつくり続けていけばいくほど、人生のキューブの大きさを見極められるようになることがわかります。

人生のキューブの存在や大きさを自分なりに理解できれば、「まだまだ自分の人間力を高めていける」「未開発の才能がある」などと確認し、「日常のキューブをつくり続けて、自分をもっともっと成長させていこう」と、次に結びつく思いをもとに勇気をもって行動できるようになります。

3 人生のキューブは大きくできる

大きな器（＝人生のキューブ）をもって生まれても、才能を活かさないまま過ごしてしまう人もいるし、また、小さい器をもって生まれたとしても、置かれた環境から抜け出し、自分の器を大きくし、能力を高めて成功を続ける人もいます。

よく「自分の器を超えて何かを成し遂げる」といわれることがありますが、その表現は間違いです。人は、原則として自分の器以上のことはできません。何かが達成できるのは、それに見合った器をもつ自分をつくりあげた結果です。

以前の自分ではどうしてもできなかったことができるようになったのは、器を大きくしたからだと考えたほうがすっきりします。

したがって、何をするにしても、その時点での自分の器を意識し、どのように器を大きくしていくのかを考え、行動することが大切です。

器が大きいと感じても、小さいと感じても、また第三者から小さいと指摘されたとしても、生まれがどうであれ、幼少期の環境がどうであれ、誰でも自分をあるべき姿に変えて、自分の器（＝人生のキューブ）を現状よりも大きくすることができます。

そもそも、人は一人で生きているのではありません。人は社会のなかで人間関係をつくり、他人とコミュニケーションをとりながら、あるときは苦しみ、また楽しみながら生きて、誰かのために行動し、そして地域や社会に貢献し、多くの人に助けられて自分の思いを遂げます。

他人を思い、他人を支援して、また他人から信頼されて支援してもらう関係をつくりあげていくのが人間社会だからです。

心のどこかに、自分は一人で生きるから他人はどうでもいい、という考え方をもっている人は、思い通りの人生を生きられない可能性があります。

人は一人で生きることは不可能だし、自分のためだけに生きている人を誰も助けてくれはしません。

人はたくさんの人を助け、助けられながら日常のキューブをつくり、多くのことを成し遂げることができる。

自分づくりをしながら、自分のためにも、また他人のためにも、できるだけ何でも受け入れられる大きな器をもつ人になり、地域や社会で他人と温かい関係をつくり、自在に生きていく道を選択することが大切です。

ところで、人生のキューブは、「人生のキューブを大きくしたい」「どんどん大きく育ってください、お願いします！」と、ただ必死に祈るだけでは大きくなりません。

ここでお話ししたように、日常のキューブをつくり続け、「満足する日々を積み重ねていく」ことが重要です。

日々どのように生きていくのかが問われているのです。

日々挑戦する人は、毎日を漫然と過ごすのではなく、いつもこれをしたい、あれをしよう、頑張って成果を挙げようとして、やるべきことを決めて目標化し、日常のキューブをつくりはじめます。

達成感を得て成功し、正六面体の日常のキューブがつくられると、それらは満足とともに、自分がもって生まれた器（＝人生のキューブ）に入れられます。

日常のキューブを、縦や横に四角の積み木を積み上げていくように、隙間なく人生のキューブにきっちり埋めていく人や、思いついたままに大小の日常のキューブをつくり、バラバラと人生のキューブに入れていく人がいます。なかには、たくさんの未完成のキューブが人生のキューブのなかにバラバラに散らばっている人もいるでしょう。

そのようななか、日常のキューブをつくり達成感を得た人が、完成したキューブを踏み台にして、自分は現状に満足していない、まだまだやれるという思いをもって、次のキューブづくりに取りかかったとします。たくさんの新しい日常のキューブを人生のキューブに入れたり、また以前につくった日常のキューブを大きくつくり変えていく活動を行います。

そしてついには、人生のキューブの容積がいっぱいになって入りきらなくなると、人生のキューブは自然に内側から広がることになります。軟らかいゴムの箱に、思いっきり中身を詰めると箱が膨らんでいくイメージです。日常のキューブにより、人生のキューブが膨らむ瞬間です。

さらに人生のキューブが膨らむと、底面が大きく広がり、人生のキューブ自体が大きくなると考えています。

ここでキューブのもつ属性を見たうえで、「日常のキューブのつくり変え」の動きを考えてみましょう。

図27 人生のキューブが大きくなるプロセス

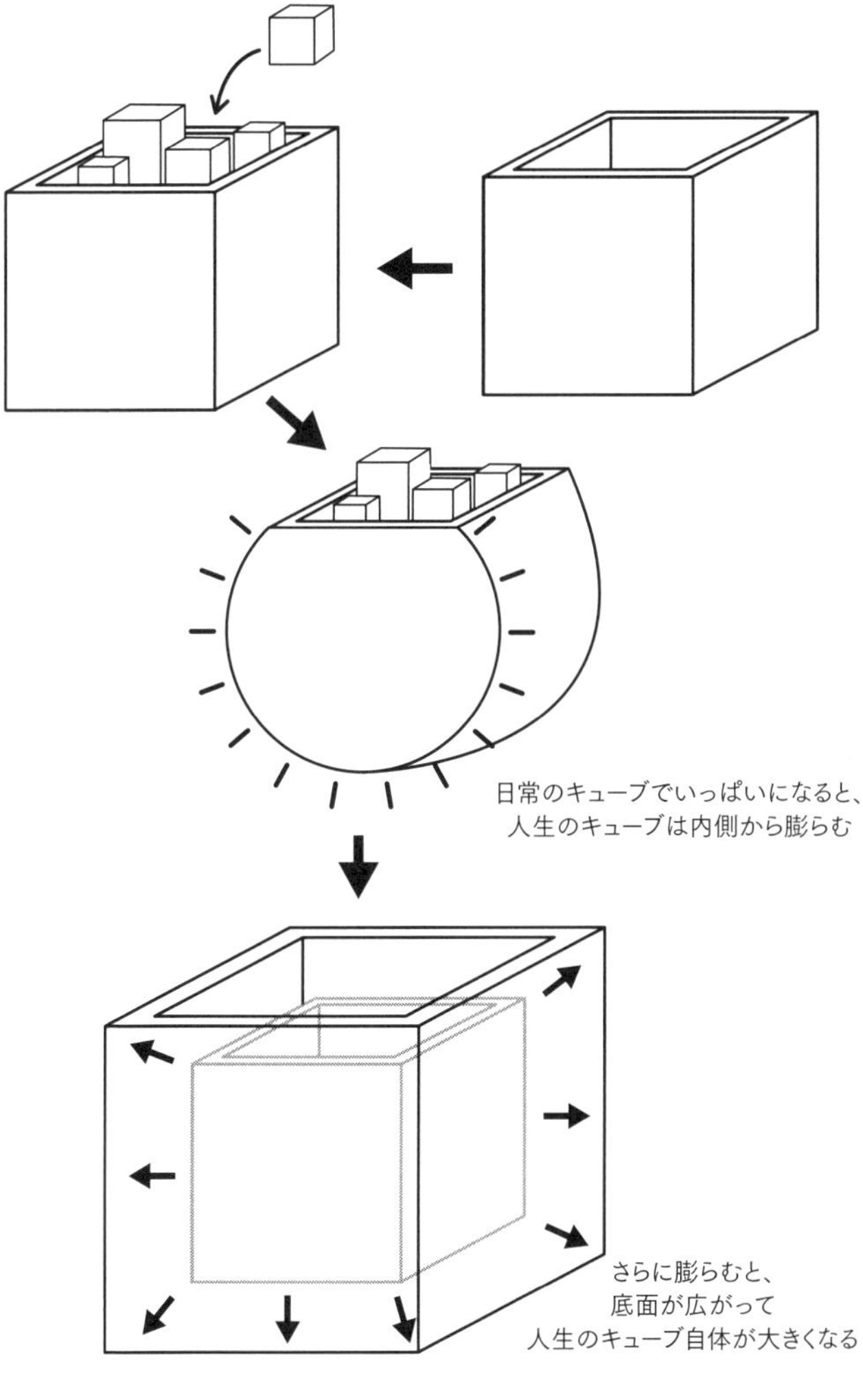
日常のキューブでいっぱいになると、
人生のキューブは内側から膨らむ
さらに膨らむと、
底面が広がって
人生のキューブ自体が大きくなる

すでにできあがっていた、各面の辺の長さを2とする正六面体の日常のキューブが、人生のキューブに入っているとします。立方体の容積（体積）＝たて×よこ×高さですから、このキューブの容積は8（＝2×2×2）です。

完成したキューブの思いがより強くなり、もう一度同じテーマに取り組み、高い目標をもって行動したいと思うことでサクセスキューブの底面の辺の長さが2から4に変わったとします（思いの大きさにより面積が変わるという仮説です）。

できあがったキューブの容積8が変わらないとすると、底面の大きさに合わせるように他の面は小さくなり、平べったい長方体ができます。たて4×よこ4＝16ですから、高さは8÷16＝0・5になるのです。

そうなると正六面体のキューブを完成させるため、信念や技術、人間力、コミュニケーションの面を0・5から伸ばして、底面の4に合わせなければなりません。そのためにはさらに努力をして、底面の思いに合わせ、信念、技術、人間力、コミュニケーション、達成感の各面が4の長さになるように活動します。

そして、各面が4×4の正方形になったときに、以前よりも大きな容積をもつキューブができあがることになります。

思いを強くしたあとに、立方体をつくるためには、他の面をつくり直さなければならないこと、思いと同じ大きさの正方形ができれば、立方体の容積は大きくなることがわかります。

図28 思いを強くすると、キューブはより大きくつくり変えられる

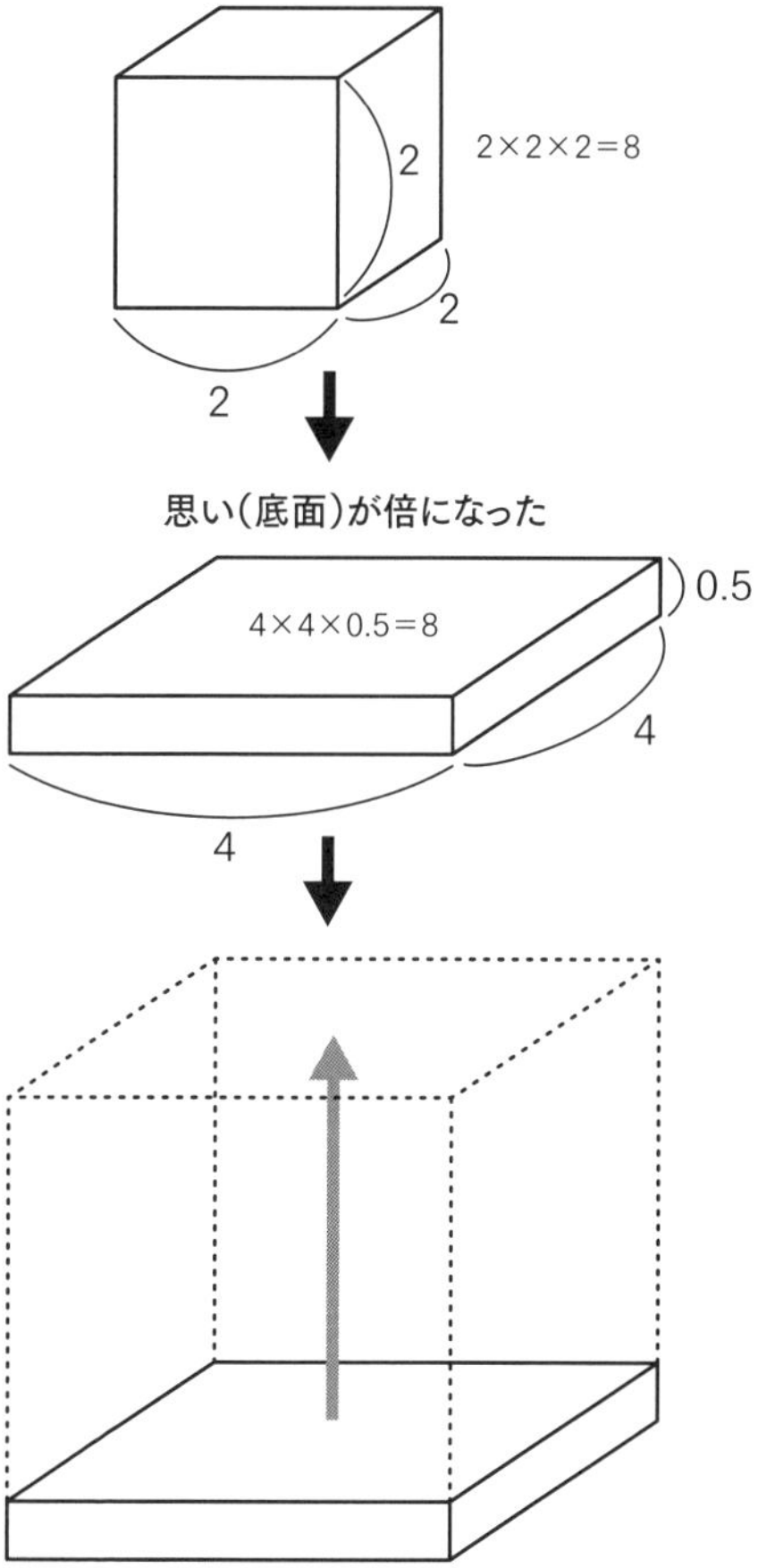

信念、技術、人間力、コミュニケーションが4の長さになるようにさらに活動する

このように、できあがった日常のキューブの底面である「思い」を強くするとキューブはその思いに合わせるようにつくり変えられ、大きくなることを確認しました。日常のキューブをつくり、人生の器に入れ続けるとともに、すでにできあがったキューブをつくり変えることで、その容積を超えたときに、人生のキューブは内側から広がります。自分の器を大きくできるのです。

より大きな思いをもって何かを成し遂げようとすると、自分を変えて目標を達成しなければなりません。技術を身につけ、人間力をつけてコミュニケーションをとりながら、成果を挙げていかなければならないのです。

その過程で成長し、能力を高め、力をつけた結果として、一回り大きな人間になれます。日常のキューブづくりを続けていくことで、人生のキューブ（＝器）を大きくできるということに納得がいきます。

4 より充実した人生を送るために

目標をもたないために、日常のキューブをつくれない人、もしくは最後までやりきれず、つくりかけのキューブが人生のキューブのなかに散乱している人は、人生のキューブの容積を埋めきれないために、常に人生のキューブに隙間＝空間があります。その人は心にぽっかり穴が空いたように、いつも何かが足りないと感じながら、満たされない、こんなはずはないと思いながら生きていかなければなりません。

一方、いつも日常のキューブをつくり続け、人生のキューブを埋めていく人は、これが終わったら次はこのキューブをつくろうと考えているので、人生のキューブの空間がこれから埋められていくであろうことが想像できています。

こうなると、「空間があるけれども埋まる」という予定のなかで生きていくことになり、いつも人生のキューブの空間は、やる気で満ちています。

日常のキューブはできあがっていないものの、準備万端、いつでも日常のキューブを受け入れる態勢ができているのです。

心は充実しているし、幸せを感じイキイキしていることでしょう。

さらに、日常のキューブをつくり、自分のもって生まれた人生のキューブの容積以上に埋めていけば、知らず知らずの間に人生のキューブ、器が広がっていきます。

もって生まれた人生のキューブが小さくても、努力してたくさんの目標を達成して日常のキューブをつくり、自分の人生のキューブを埋めていくことで、器をどんどん大きくできるのです。

もって生まれた人生のキューブがどのような大きさであったとしても、目標をもち、人生のキューブを日常のキューブで埋め、今よりも大きくできることを信じ、そのことを念頭に置いている人は、強く生きられます。

その結果、常に器の大きな人であると評価され、いつも充実した、自分の望み通りの満足した人生を生きられるのです。

逆に、大きな人生のキューブをもって生まれてきた人であっても、自分の人生を大事にせず、向上心をもたずさまざまな目標にチャレンジしない人は、能力を活かすことができず、求められている日常のキューブをつくることができません。

常に前を向いて何事にも興味をもち、挑戦し、日常のキューブをつくり続けることが大切です。

とはいっても、人はいつも高いテンションで人生を送ることは困難です。さまざまな出来事に翻弄されたり、仕事で忙しいこともあります。嫌なことや、哀しいこと、辛いことや、へこむこともあり、キューブをつくりはじめられない、動くことすらできないこともあるでしょう。

説明したように、挫折をしていったんはつくりかけたキューブを途中で投げ出してしまうこともあります。思いの面だけを投げ込んでおくことも、技術の面だけをつくりかけて終わっていることもあるかもしれません。

何かをするために、頑張って自分づくりに励んだけれどもうまくいかず、他人から受け入れられずに一気にやる気を失ったときに、壊れた人間力の面のかけらが人生のキューブのなかに落ちているかもしれません。

人生のキューブの空間は暗く、厳冬の冷たい風が音を鳴らして吹いていることもあるでしょう。

しかし、失敗や挫折が次のキューブづくりに役に立たないはずはありません。

図29 挫折して投げ出したつくりかけのキューブも、
決意さえすればまたつくり直せる

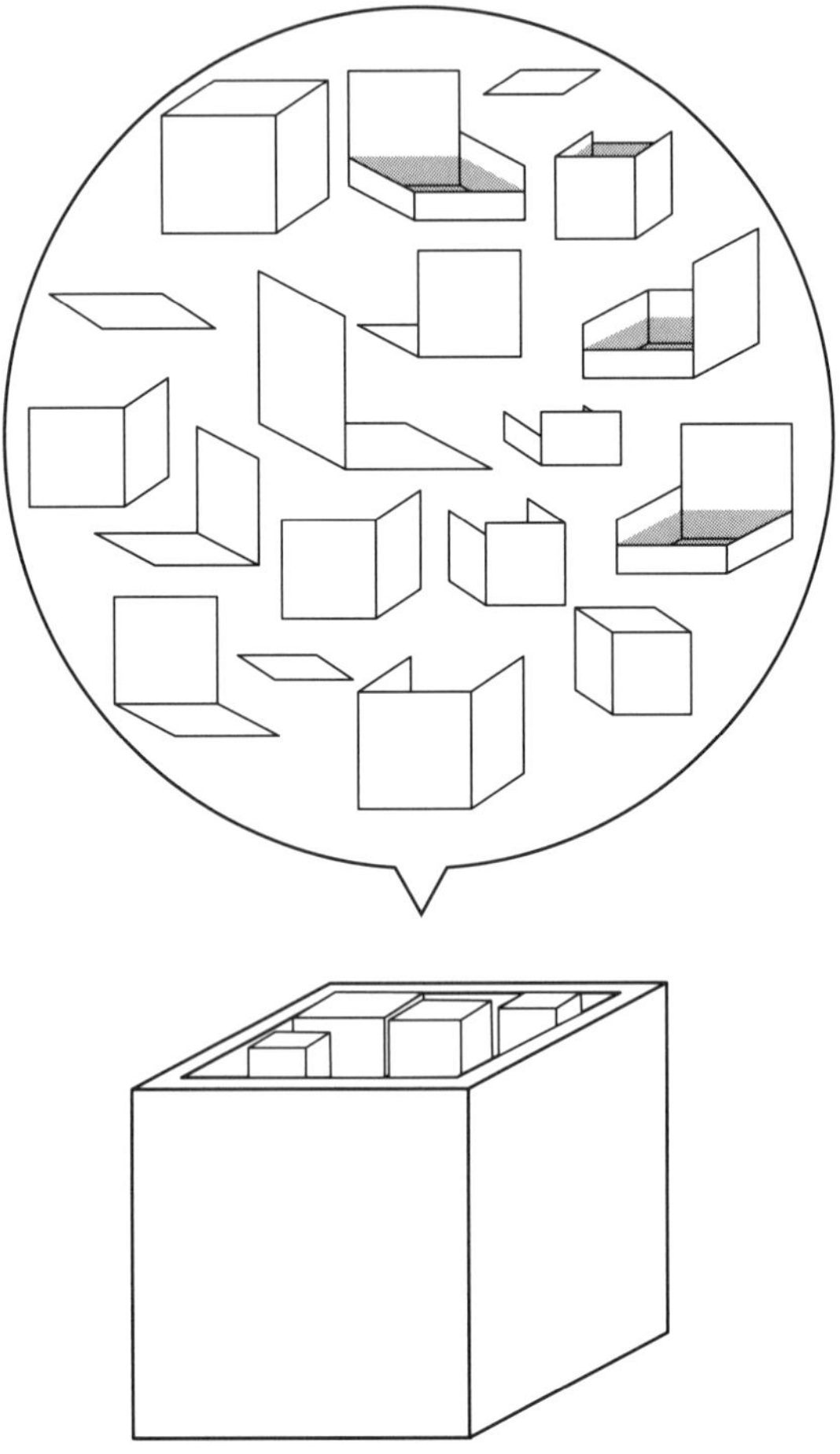

人生のキューブを日常のキューブで埋めていくことが人の一生なんだと頭の隅に置いておけば、いつかは決意して「つくりかけの日常のキューブ」をまたつくりはじめることができます。

決意さえすれば、投げ込んでおいた「思い」だけのキューブを、もう一度新たな気持ちでつくりはじめることもできるし、途中までしかできていない他の面についても、いつでもつくり直すことができるのです。

失敗や挫折をものともせず、隙間なく日常のキューブを完成させ積み上げて人生のキューブを埋める人は、規律あるしっかりした人生を送ってきたことに誇りがもてるでしょう。

失敗や挫折をして、しばらく動けなかった人でも決意し直し、あれこれ手を出しながら挑戦し続けていくのであれば、振り返ったときにつくりかけのキューブが散乱していてうっすら後悔はあるものの、それ以上にキューブをつくろうとし続けてきたことへの満足があります。

つくりかけのキューブだらけであったとしても、挑戦し続け、自分の足跡を残してきたことには変わりがないからです。

どこかで思いを遂げて、日常の大きなキューブの完成形をつくり、人生のキューブの中心にそれを据えて、つくりかけて止めてしまったキューブを眺めながら、「こんな失敗がたくさんあったから、今の大きなキューブができたんだな」と悦に入ることもできます。

大切なのは、もって生まれた器、人生のキューブの存在を意識したのちに、いつかは自分に打ち克ち、自分の思いをしっかりともって、目標を決めて日常のキューブをつくり続ける挑戦を忘れないようにすることです。

日々さまざまな取り組みを行い、いくつもキューブをつくり行動している人は、自分の成長機会をたくさんもつことができます。

自分の思いをもち、信念に変えて、目標のために技術を磨き、人間力を高めてコミュニケーションをとり、満足できる日々を送りながら達成感を得て成功する。いくつもいくつもキューブをつくる活動をしている間に、知らず知らず人生のキューブが日常のキューブで埋まっていきます。

日常のキューブ＝サクセスキューブをつくり続ける以外には、自分を変えられないことに気づかなければなりません。

日々を成り行きで生きていくのではなく、せっかく生まれたからには、もって生まれた人生の器を意識して、手に入れた器を使い切るとともに、自分を成長させて、(自分のできる範囲で日常のキューブをつくり、人生のキューブに入れ続けることで)さらに人生の器を大きくしていくことにチャレンジする。これほど、生きがいを感じられることはありません。

それさえできれば、どのような現状であったとしても、人生を変えることができると私は信じています。

5 最期の人生のキューブ

人は誰でも最期を迎えます。人生のキューブの蓋を閉じて人生を終えるのです。常に決めた何かをやりきり、人生のキューブを埋め、さらに自分の器を大きくしていこうと努力し続けている人は、人生のキューブに隙間はありません。

日常のキューブをつくり続けた人は、常に自分が満足できる体験を積み上げる訓練をしているので、人生のキューブの蓋が閉じるとき、結果として隙間なくキューブを満杯にして、後悔することがないのです。

自分の人生のキューブを埋めきれずに終焉を迎えて、人生の蓋が閉まってしまうこともあります。そのときには人生のキューブにはまだ空間が残っています。人生に隙間があることで満足できないまま、最期を迎えなければならないのでしょうか。

サクセスキューブのフレームワークでは、ある人の人生のキューブに入れて積んできた日常のキューブの容積の大きさに合わせて、隙間を埋めるように人生のキューブの容積が小さくなるという考え方を用意しています。

空間のある人生のキューブが、最期はギュッと音を立て、底面が小さくなり、引きずられるようにキューブ全体が小さくなります。

人生のキューブの中身に応じてかたちを変え、空間が生まれないよう小さく変化する。掃除機で布団圧縮袋から空気を抜いたときのイメージです。

自分がやってきたことに対して、満足できる人の人生のキューブは、サクセスキューブの容積やつくりかけのキューブのかけらの容量の総和と同じ大きさになり、満足できます。

キューブをつくり続けていれば、「いろいろあったけど、これでよかったんだな」と満足して最期を迎えることができるのです。

しかし、満足して達成感を得る日常を送れていない人は、人生のキューブは小さくならず空間は残ったままになります。自分の人生の仕上がりに満足することができません。

自分の気持ちのなかで「やり残したことがある」「トライしなかった」「残念でしかたがない」と、人生に満足できずに亡くなる人たちです。

図30 キューブをつくり続けた人は、満足して最期を迎えることができる

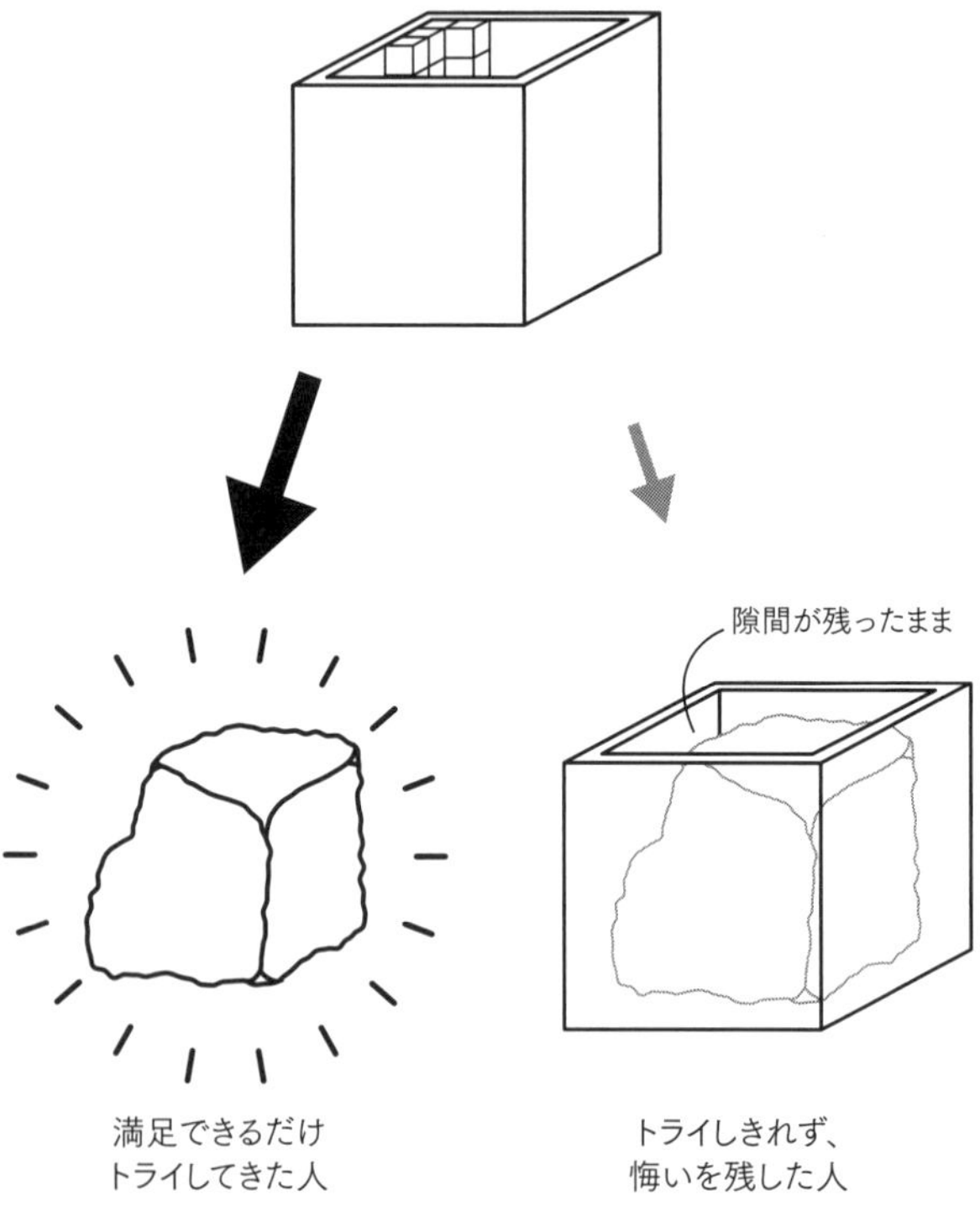

悔いなく最期を迎えるためには、大きな人生のキューブをもって生まれても、また小さなキューブをもって生まれても、常にそのキューブの大きさを超えるサクセスキューブをつくろうと思いをもって生きなければなりません。

サクセスキューブのフレームワークを自分のものとして、その瞬間その瞬間で満足できることが大切です。人生のキューブの蓋を閉めるときに後悔のないように生きようと決めておき、その場所その場所で努力する。そうすれば、どのような最期を迎えても、やりきれたことに満足し、達成感を得て人生のキューブに蓋ができると確信しています。

6 会社も一つのキューブと考える

ところで、会社もキューブのかたちをしています。

経営者は会社を設立し、また承継して、会社の文化や風土として思いを大きくしながら、キューブ（この文脈では会社）を大きくしていこうと活動します。

そこには経営者の信念があり、技術があり、幹部や社員の人間力、そして会社としてのコミュニケーションがあります。

会社では、目標をもった日々の積み重ねや、プロジェクト一つひとつが、日常のキューブです。

やりたいこと、やらなければならないことを日常のキューブとしてつくりあげ、会社のキューブのなかに入れて積み上げていきます。

失敗なく、やることなすことすべてうまくいってきた会社はほとんどありません。

いろいろトライしても成果を出せず、途中で投げ出してしまったつくりかけのキューブが散らばっている会社もあるでしょう。

しかし、日常のキューブで埋めて人生のキューブを大きくする人がいるように、会社を運営する社長や社員が、会社のミッションに基づき、日常のサクセスキューブを一つひとつ積み上げて自社のキューブを広げていくのが会社です。

会社の器（＝会社のキューブ）を意識しながら、組織づくりや次のステップへ続く仕事をしていくことができれば、さまざまなことに挑戦するときにも、より慎重に、そして堅実に事業を展開できるようになります。

会社は、社長の器以上には大きくならないといういい方があります。

確かに大小を問わず、社長が多くを担う傾向がある会社であれば、そうだと思います。

最終的に社長が戦略を決め、人を採用し、一つひとつの事業を興し、日々の事業の差配を行うことで会社が運営されていくからです。

何をするのかを決めて、成功するのも失敗するのも社長の器次第というのは事実です。ただし、多様な人材を揃えることや、特定の才能ある人材に出会うことに前向きに取り組み、なおかつ彼らを活かす風土や文化があれば、いい意味でそのロジックは

図31　日々の業務やプロジェクト一つひとつ（＝日常のキューブ）を会社の器のなかに積み上げていく

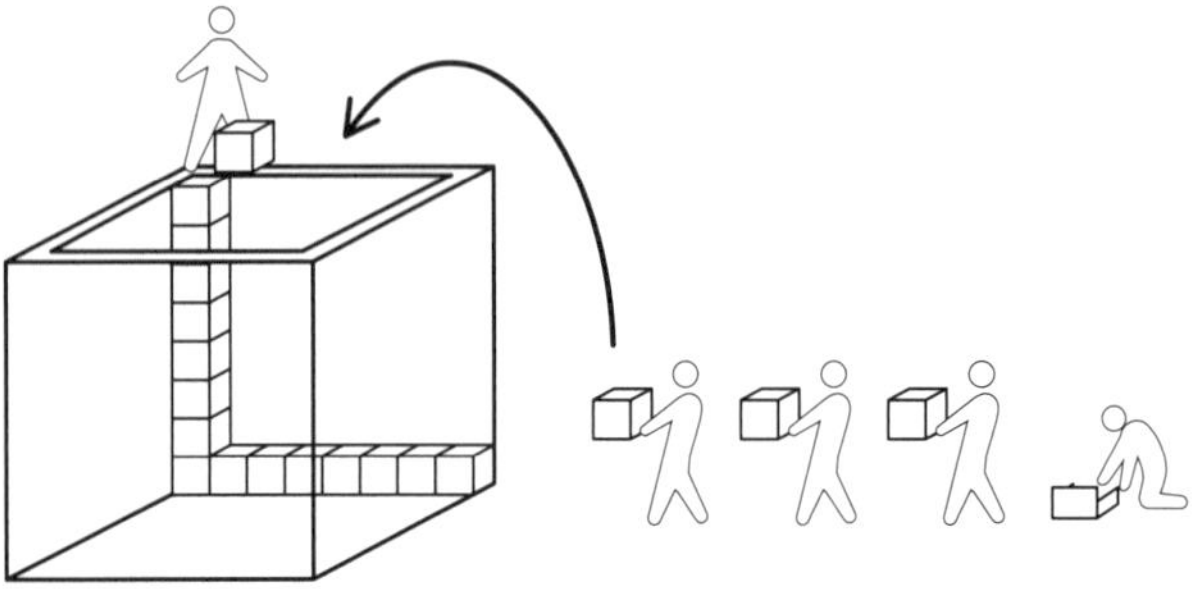

崩れます。

能動的にサクセスキューブをつくろうとする人が社内にいればいるほど、会社の思いや信念、そして他の要件がうまく活用され、成果に結びつきやすくなります。

事業を行うのは人であり、社長はその先頭を走っていますが、サクセスキューブづくりに長けた社員がいればいるほど、組織の厚みが増し、一つひとつの仕事のキューブや事業のキューブが大きくなります。結果として会社のキューブをなかから押し広げて大きくすることができるのです。

自ら決めたやりたいこと、あるいは決められたやらなければならないことを、責任をもって達成していく人々、すなわちサクセスキューブをつくれる人々が必要です。

サクセスキューブの考え方を身につけた人が増えれば増えるほど、会社のキューブは大きくなり、そして企業としての活動を続けることができるのです。

会社はサクセスキューブのつくり方を多くの社員に理解してもらい、会社の思いや信念をしっかり受容してもらったうえで、個々の積極的かつ能動的な活動を促すことが必要です。

会社の器は、社長や幹部の器であるとともに、社員の器に大きく依存することを忘れてはなりません。

7 サクセスキューブが運命を変える

さて、人はよく運がいいとか、運が悪いなどといいます。その人に、思ってもみなかったいいことが起こるとか予期していない災難が降りかかるなど、予想していない何かが起こったときに、そうしたいい方をすることが多いようです。

人知の及ばない、コントロールできない運命というものが本当にあるのかもしれません。それは誰にもわからないことですが、何をするにも、ついている人とそうではない人がいることも確かです。

運命とは、将来の自分の行く末であり、今後どのようになるかということを示しています。運命は、人の意志や思いを超えて、人の幸せや不幸に影響を与えるものです。

運命はとても他律的なもので、ついていることは棚ぼたであり、ついていないことは抗いようのないことであるというイメージがありますが、果たして本当にそうでしょうか。

いい（ついている）ことも悪い（ついていない）こともすべてが他律的であり、自分ではどうしようもない、そしてついていないことは避けることができないとすれば、それはあまりにも虚しいと思います。

振り返ってみると、多くの場合、何かの出来事は自分の決定や行動が前提にあり、自分の力の及ばない、他律的なことはほんの一部であるのが真実だとわかります。

いいことが起こるのはいい行いをしているからであり、よくないことが起こるのはよくない行いをしているからといった単純な話ではありません。

一つひとつの出来事には、原因と結果があるということです。運命もその延長線上にあるものだということです。

何もかも運命だから、なるようになると決めつけるのではなく、まず未来を自分でつくる、最大の注意を払い、また努力をして決めた到達点に向けて慎重に行動する、という考えが必要です。

そのための具体的な行動の拠り所として、サクセスキューブを使います。

思いをもち、信念に変え、技術を習得し、そのプロセスで人間力を身につけ、コミュニケーションをとりながらさらに技術や人間力をブラッシュアップし、満足を積み重ねながら達成感を得て成功する。このサクセスキューブのロジックを毎日の生活に織り込み、人生の器を大きくする日々を過ごしていれば、注意深く、正しい行動ができる自分をつくれます。

また、いつも適切な環境に身を置くことができます。

そうして自分の身の置き所を自分でつくることができれば、環境や他人のせいにするのではなく、チャンス＝いい運命を自らたぐり寄せ、またネガティブなことを避けて、そのなかで思い通りの未来をつくりあげていくことができます。何もしないときと比べて、運命の多くの部分をつくりあげることができるようになるのです。

それはとりもなおさず、自分の人生をつくりあげていくことと同じ意味をもちます。サクセスキューブをつくり続け、人生のキューブを埋めていく。これをやりたい、これをやらなければならないという思いを行動に変えて、力をつけ成長している自分に訪れる運命は、よい方向に向くものだと信じています。

病気や事故など、あってはならないことについても、あらゆる可能性を考え、十分に注意して行動できる気づきをもった人は、マイナスの運命がやってこないよう行動しています。

もちろん、それでも人知の及ばない、思ってもみなかった逆境や、どうしてもコントロールできないネガティブな出来事が起こることがあります。まったく予期せぬ出来事があれば、その状況をまずはしっかりと正面から受け止めなければなりません。

自分にとって障害となる「ついていないこと」があったときには、その状況を避けて、逃げ出すことはできないからです。

そのときには、サクセスキューブをつくり続けていることが役に立ちます。いくつもの壁を乗り越え、成功を積み重ね、こうすればこうなるという経験を積んでいるからです。

たとえ、マイナスの運命であったとしても、次にどのようにしていけばよいのか、どうすれば事態をクリアできるのかを考え、それを思いとし、行動することができるのです。

困難を乗り越えるための目標をサクセスキューブに乗せて行動すれば、自分や環境を変えていくことができます。「運も実力のうち」といわれるのはこのことを示しています。

現状を冷静に見つめ、起こっていることを整理します。解決しなければならないことを一つひとつを思いとして、キューブづくりをはじめます。キューブを完成させることに集中すれば必ず成果を挙げられます。

自分でつくりあげるだけではなく、受け入れなければならない運命に自分で対処し、苦難に呑み込まれずに乗り越えていけるようになります。

サクセスキューブの考え方さえ身についていれば、どのような状況においても、あなたの力で多くのことを主体的に変えていくことができるのです。

8 キューブは人そのものである

まず、大きな鏡の前に立ってください。

あなたの全身を正面から眺めてみます。地面に接するところに足があります。そして正面にはお腹と胸、顔があります。左腕があり、右腕があります。

身体の向きを反対にして鏡の前に立ち、首を回して振り返ると、背中が映っています。

自分の背中からお尻や腿《もも》、ふくらはぎまでが見えているはずです。

こうしてみると、人の身体はキューブそのものです。足が底面であり、背中が背面です。そして胴体からは左腕が出ていて左面として見えるし、右腕が出ていて右面を表しています。正面で人と会話をしたり、コミュニケーションをとることができます。

キューブを表す日本語はたくさんあります。底面については、「地に足が着いた考え方ですね」。これは、思いや考え方がしっかりとしていて、安定している様を表しています。また、「底が割れる」は、思いがないこと、うそがばれること、「底が浅い」は中身がない、薄っぺらなことをいいます。

「背筋を伸ばす」のは、単に身体の問題ではなく、姿勢を正して真面目な態度をとるということであり、背景には信念があることを意味しています。サクセスキューブの背面が人の背中に該当することも簡単に理解できます。

また、「面と向かって」「面が割れる」「腹を割って話をしよう」「胸襟を開いてつき合う」「腹に落ちる」「腑に落ちる」「腹黒い」という言葉もあります。

コミュニケーションをとるときに、身体の正面がいかに大切にされているのかがわかります。

さらには、相手と向かい合うときに「斜に構える」のではなく、正面を向き、「面と向かって」目を見ながら話をすることがいかに重要なのかを、自分の身体で感じることもできます。サクセスキューブの正面が、まさに身体の正面であることは容易に理解できます。

そして、頭が上面であり、達成感を覚える場所なのは誰もがわかると思います。自明の理ですね。

残りの技術の面や人間力の面は、人の身体としてどのように捉えることができるでしょうか。

サクセスキューブの考え方では、キューブの背面から見て左面を技術、そして右面を人間力としています。人の身体でいえば、左面を左腕に、右面を右腕に置き換えられます。わかりやすいですね。

さて、よく知られているように、人の右脳は左腕に、左脳は右腕につながっています。

右脳と左脳の役割は広く知られていますが、一般的には右脳は直感力や全体を見渡す力だけではなく、空間認知力やひらめきの能力に長けているといわれています。左脳は論理性や計算力、分析力を備えています。

感覚的な事柄については右脳の役割が大きく、理論的な事柄については左脳の役割が大きいともいわれています。

ところで、私は大学を出たあと、少しだけリクルートの仕事をしていたことがあります。毎日100本以上の電話をかけて、広告媒体の営業をしていたことを思い出します。

また、電柱に貼ってあるチラシやポスターや新聞の求人欄を見て、求人している会社の電話番号を手帳に書き写し、すぐに電話をかけて営業を行い、成績を上げていきました。

当時は、通勤中や移動中に人の動きを気にしながら、こんな人材が採用できたらいいな、と自分が採用担当者になったつもりで歩いていたことを記憶しています。

契約件数を増やすために、神経を張り巡らし、関係があることはすべて学び、工夫して、それをきっかけに行動しようとしていました。

小さなエピソードですが、多くの経験を通して営業の技術を学び、成果を挙げていたという思いがあります。

周りを見渡し、必要なことを察知し、自分のものとする能力。これは右脳の力です。置かれた環境（空間）を常に見渡し、自分に必要な情報を収集し理解して、それを自分のものとするためには右脳を使うことが大切なのです。

右脳の機能は大きくいえば技術であり、左腕につながっていることから、左腕が技術を表していることがわかります。

右腕はどうでしょう。右腕は左脳につながっています。

人は、左脳を使い、冷静かつ論理的、分析的に物事を見て他人との関係をつくりあげることが求められています。研ぎ澄まされた心をもち、常に正しい行動をするからこそ、人から認められ、尊重されるのだと思います。

「君は私の右腕だ」といえば、その人を信頼していることの表れであり、その人が人間的に優れていることを意味しています。間違っても「君は私の左腕だ」とはいいません。

右にはもともと「優れた」という意味もあり、その人が技術に長けているから信頼されているのではなく、技術をも凌駕したその人の生き様や人間力が評価されていると理解しています。右腕を人間力として見る理由がここにあります。

さて、それではここで全身を確認してみましょう。

サクセスキューブを自分に見立て、地に足を着け、背筋を伸ばし、自分の左腕（左手）を見ながら思いを達成するための技術は十分かを常に考え、右腕（右手）を見ながら人間力が備わっているかどうかを検証します。

目標を達成するために、顔や胸、腹など身体の正面を使い、また身振り手振りをもって、どのように人とコミュニケーションをとり成果を挙げるかを考えて行動します。

そして、達成感を意味するキューブの上面を人の頭として捉えます。サイコロを手に取ってみましょう。サイコロ＝キューブは人そのものです。サイコロの数字を見て、1が足裏、2がふくらはぎから背中、3が左腕（左手）、4が右腕（右手）。そして、5が顔も含めた身体の正面、6を頭に置き換え、自分の身体と同期させてみます。

もちろん、常に自分の身体を意識して生活する必要はありません。しかし、少なくとも朝、鏡を見て自分の表情や身体を足裏、背中、左腕、右腕、そして胸や顔を見ながらキューブができつつあるのかをチェックします。

まず、自分は何をしたいのか、足裏で地面を意識して、少しだけ足を広げ踏ん張りながらよく考えます。

また、背骨を感じながら、足の後ろからふくらはぎ、太腿の後ろからお尻を通って背中に意識を這わせ、自分の思いが正しく、誤りのないことを確認してみると、力が全身から湧き出てきます。

目標達成のための技術にはどのようなものがあるのかを、左腕に意識を振り向けて思い起こし、この目標を達成するための人間力ができあがっているのかの意識を右腕に感じます。
鏡を見て胸を張り、腹の底から力を出して、目力をつくり、表情をいろいろ試してみながら、決意をして一日をはじめます。歩くときに、足を一歩一歩前に出し、目標に向かって動いていることを意識します。あえて斜め45度に目線を上げて前を向き、きりっとした表情にするのもよいでしょう。

図32 人の身体はキューブの各面に対応している

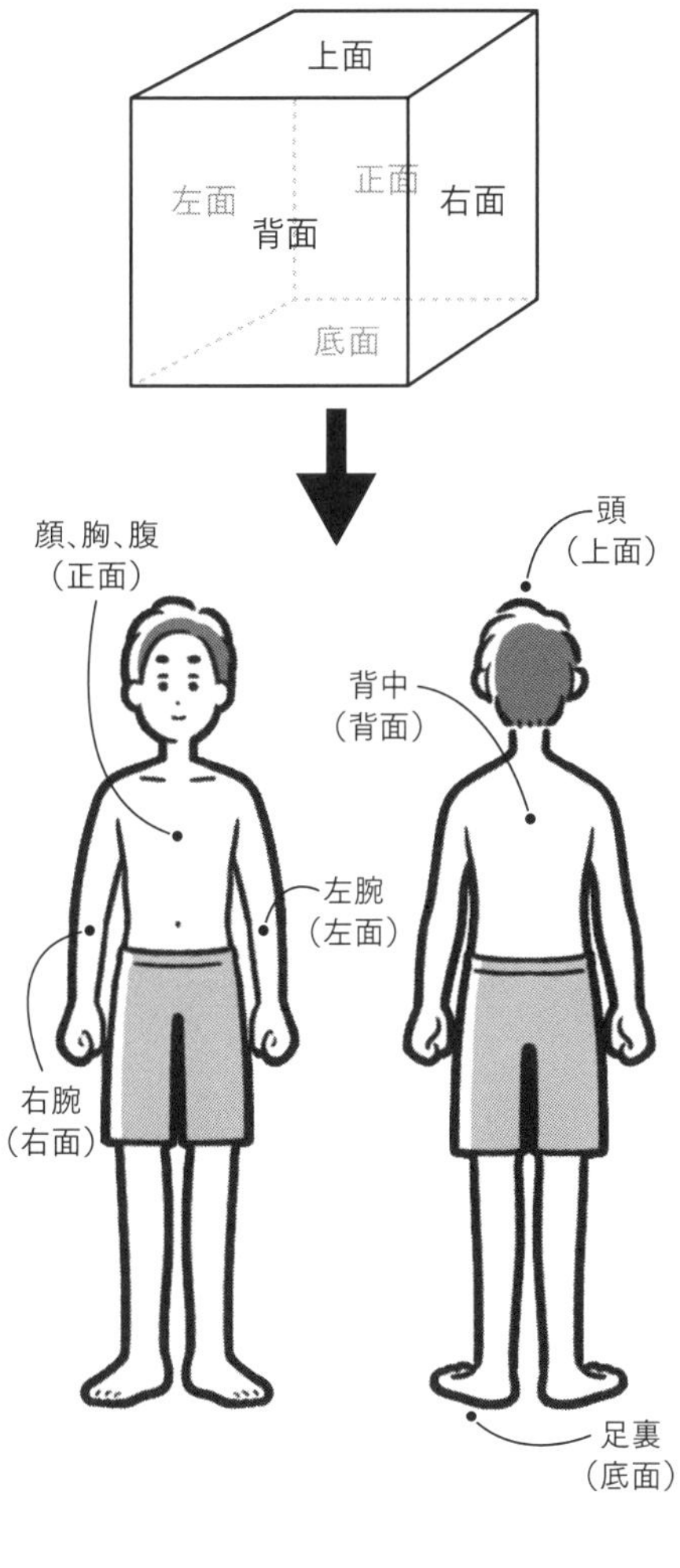

やりたいこと、やらなければならないことへの思いをたくさんもち、サクセスキューブを意識して行動するなかで、徐々に事がうまく進みます。

思いを強くできた、信念がより一層しっかりした、技術も身についてきた、人間力も伸びた、コミュニケーションをうまくとれるようになってきたと感じながら行動することで、徐々に満足を得て、それが次の行動のエネルギーになります。

そして満足が最高潮に達するのは、決めたことが達成できたときです。

鏡を見て自分の身体をキューブとして検証し、目標の達成具合に満足し、思いを成し遂げて込み上げる喜びを感じます。

「やった、やっとできた」「頑張ったからできるのは当たり前だ」「よくここまでできたなー」など、さまざまな感慨にふけります。

サクセスキューブが完成したときに得られる達成感から、キューブの上面は頭そのものであることを、実感をもって納得できます。

その繰り返しのなかで、あなた自身がサクセスキューブそのものであり、自分は成功のために活動しているんだということを身体で感じながら、胸を張って毎日行動できるようになります。

さらに、日々いくつもつくり続ける日常のキューブを自分の人生のキューブに入れていくイメージをもつことが重要です。

「まだまだ今の自分のなかで消化できるな」「もう結構いっぱいになってきた感じがする」「自分を乗り越えるために、この目標に挑戦してみよう」と節々で考えて毎日を過ごすなかで、思いから信念、信念から技術や人間力がつくりだされ、それらを高めていくためにコミュニケーションをとれるようになります。

途中で挫折や失敗をして日常のキューブづくりを止めてしまっても、さらに人生のキューブに残した日常のキューブを思い、成功のために再度挑戦できる自分になれるのです。

これらのことが習慣になれば、あなたはいくつもの成功を得ることができます。

サクセスキューブの考え方を習得し、自分に置き換えて行動することができれば、サクセスキューブを体現し、人生を謳歌できるようになります。「自分はもともと成功するために生きている」ことが実感できます。

思い通りの人生を生きるための枠組みを身につけて、日々行動することが成功の近道であることがわかるのです。

9

「思い＝夢」に置き換えて行動しよう

人は、サクセスキューブを使うことで成功できます。思いをもち、思いを信念に変えて技術を身につけ、人間力をつくりつつコミュニケーションをとり、満足を得ながら成果を挙げて思いを遂げることができるのです。

どのような思いも達成できるのであれば、夢もかなえることができます。

このような話をすると何か怪しいな、と感じるかもしれませんが、どんな人でも、何かを行い成果を挙げた人は皆、夢を具体的な思いに変え、計画的に行動してきた人たちです。

私たちは頭のなかでは多くの知識を得て、道理がわかっています。こうすればこうなるだろうということも、こう行動した結果、あのようになった人がいるということも理解しています。

しかし、具体的な行動をとる場面になると、一歩踏み出せない、踏み出しても途中で止める、一休みではなく行うことを諦めてしまう、といったことがたくさんあります。行動し続け、成果を得ていく道のりはとても遠いことが大半ではないでしょうか。

（1）○○をしたい、○○になりたいという夢をもつ
（2）夢の達成に対して強い信念をもつ
（3）どのように行うのかを具体的に検討する
（4）計画を立てる
（5）計画通りに行動する
（6）計画を達成するまでＰＤＣＡ（計画→実行→評価→改善）サイクルを回す

といったことが思い通りにできず、挫折を多く抱えたまま毎日を生きていきます。

そのことにあまり執着していないために、うまくできなかったとしても後悔しない、ストレスを感じないこともたくさんあるかもしれません。逆に、（1）から（6）を着実にこなし、当初もっていた夢すべてではなくても、一部をやり通す、あるいはすべてを成し遂げ、成果を挙げている人もいるでしょう。

夢を実現できた人とできなかった人の相違点は、実行力にあります。

当初の夢がたとえ非現実的であったとしても、思いをもって計画を立て、日々行動するなかで、夢はさらに大きくなったり、現実的になり徐々に修正されて、適切なかたちになりながら当初の思いを連綿と引き継いでいきます。

当初の思いの一部でも実現できれば、自分が目的をもって生きた足跡を残せているはずです。長いようで短い人生では、満足して人生のキューブを閉じることができたかどうかが大切です。何かをはじめて、継続してきたかどうかがポイントではないかと考えているのです。

どのような夢であったとしても、実行のためのきっかけ、継続のための身近な支援者、あるいは環境、さらには具体的な道具や枠組みがあれば、なんらかのかたちで成果を挙げられることは間違いありません。

明確な成功のフレームワークを自分のものとして、日々行動できるかどうかが夢の実現に強く影響を与えるとすれば、サクセスキューブの実践者は夢を実現しやすい人であることがわかります。

思い＝夢に置き換え、毎日具体的に行動すること。夢をもち、実現したいと思って

図33 自分の夢を思いに変換して行動をはじめよう

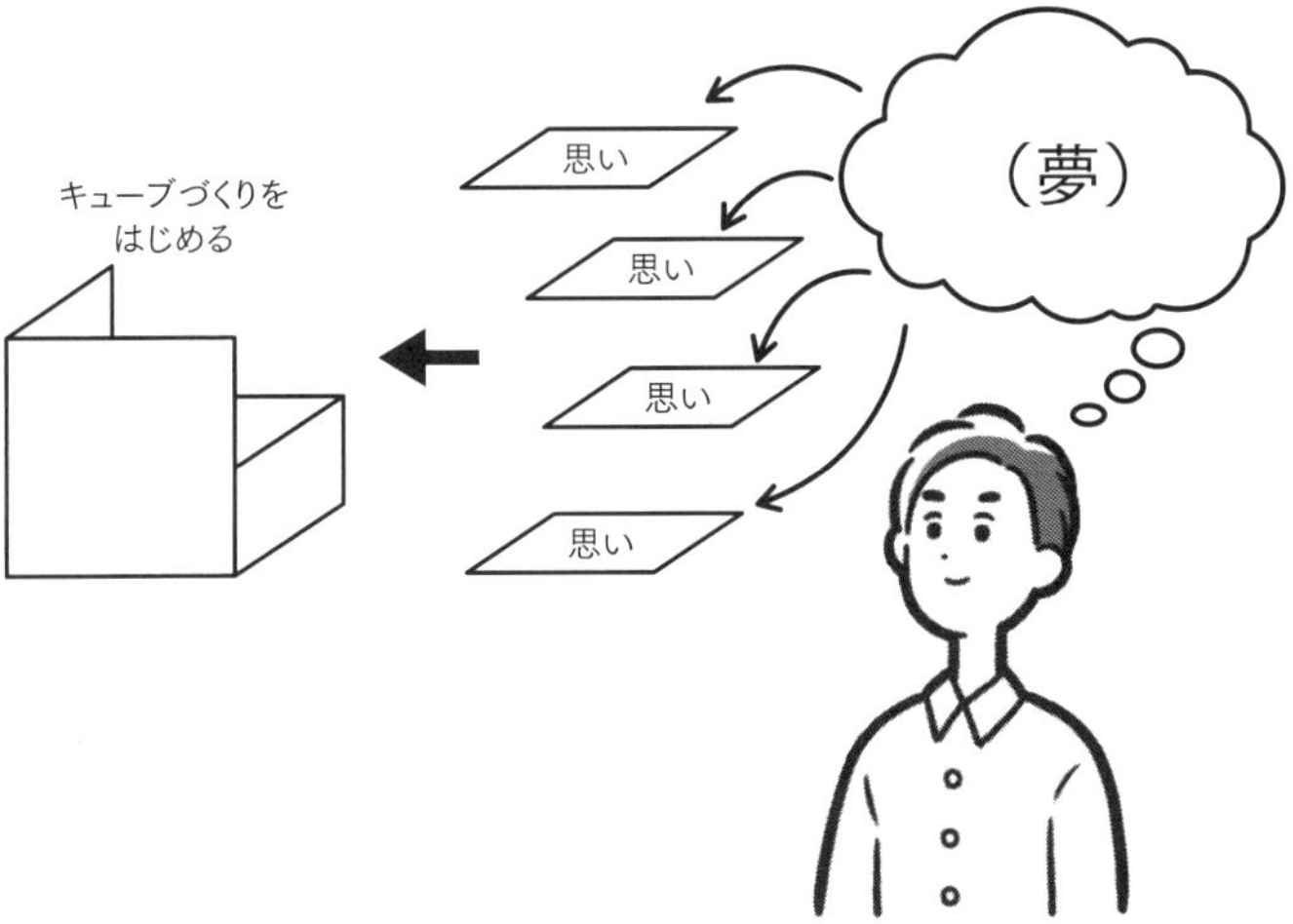

いる人は、夢を達成するための行動をサクセスキューブに乗せて、一日一日を大切に過ごすことができます。

フレームワークの考え方に習熟したうえで、1から6の数字の意味を頼りに自分の行動を変容させて、一つでも多くサクセスキューブをつくり続けることができればよいと考えています。

エピローグ

サクセスキューブは、人がその人らしく成功するための道標です。

ある思いを達成したい、成功したいと思い立ったときにサクセスキューブをつくりはじめます。

頭のなかにあるサクセスキューブのもつ6つの面を意識して、考え、計画し、行動し、それが期待通りにできあがっているのかどうかを、常に検証します。

自分の身体をキューブに置き換えて、足の裏（思い）はどうか、背中（信念）はどれほどなのか、左右の腕（技術や人間力）は、そして顔、胸、腹（コミュニケーション）はどのように成長しているのだろうかと、状況をチェックしてみるのです。

その結果、不足する要件があれば、それら不足する面をつくりあげるために行動し続けます。

簡単で、誰もがわかりやすい成功のためのロジックをなんとかつくれないかと考え、サクセスキューブのコンセプトを生み出してから、10年以上の年月が経ちました。

その間、金融、ＩＴ、医療、不動産、流通、コンサルティングなど、たくさんの業界の経営者やビジネスパーソンの方々に、サクセスキューブのコンセプトやロジックをチェックしてもらいました。

また、実際にサクセスキューブの考え方が正しいかどうかを確かめるために実行し、いくつかの場面で検証してきました。

私の饒舌でくどい話を、皆嫌な顔一つせず、真剣に聴いてくれ、ふんふんと頷きながら「それは面白い」「シンプルでわかりやすい」「絶対に必要なロジックだ」「自分もサクセスキューブをたくさんつくっているよ」と励ましの言葉をたくさんもらいました。

「キューブをつくり慣れてくると、思いの面が厚くなり、他の面も厚くなると囲まれる空間は小さくなるから、満足も早く溜まるね」とアドバイスを受けたり、満足について「そもそも満足は液体で表現することが適切なのか、積み上げなければならないし、揺れることもあるから、気体でも固体でもないよね」とか、「いやいや満足を各面のでき具合と合致させるためには、液体がわかりやすい」といった意見をもらいました。

さらに、「目標によって満足の液体の粘度はどう変わるのかな」「満足の液体の色は透明なのか、それとも色がついているのか」「色がついているとしたら何色なんだろう」「その人の思いは色に反映されるのだろうか」「場合によって満足の液体の温度も違うよね」など、彼らから次の研究につながるたくさんのヒントをもらいました。

「キューブの各面の硬度はどうなのか」「完成したものをつくり直すことができないほど、ガチガチのキューブもあるんだろうね」「柔軟な考えの人は、他人の影響を受けて、キューブが早くできることは間違いないかも」「会社もキューブだとすれば、会社のマネジメントにも役立つコンセプトではないかな」など、さまざまな方々が、サクセスキューブのコンセプトをつくりあげるための議論に何度も参加してくれました。

食事をとらずに長い時間議論していて、気づいたら終電間際ということもありました。

アドバイスをくれたり、示唆を与えてくれた皆さん。皆さんの協力、そして後押しと激励がなければ、サクセスキューブのコンセプトや成果は生まれませんでした。

皆の心のなかに、たくさんのサクセスキューブがあり、また、つくりかけのキューブがぐるぐると回転していて、会う人同士がお互いに、この人はどんなキューブをもっているのだろう、どんな目標をもって生きているのだろうと、考えながらコミュニケーションをとる。

こんな「サクセスキューブのつくり方」が一般化すれば、「今、○○さんはどんなキューブをつくっているのですか？」「○○のキューブをつくっているのですが、○○がうまくいかなくて……。いろいろ教えてくださいね」「できることなら何でも！」といった会話が日常になります。

皆が刺激を受け、また勇気をもらったり、力づけられ、またキューブづくりに失敗し肩を落としている人がいれば気遣い、不足する面づくりの支援をしたり、元気のない人がいれば優しくすることができます。

その世界には、お互いを尊重しながら、自分の求めるサクセスキューブをつくりあげるために、また、求められているキューブをつくるために、6つの面を意識して、自分のために、相手のために、そして社会のために活動している人々がいます。

そして、誰もがもって生まれた器である人生のキューブを、自分には可能性がある、まだまだこれからだと、次々に日常のキューブで埋めながら、高い満足を得て、人生を充実して生きている。そんな風景を想像するだけで、心がワクワクし、とても幸せな気分になれます。


一人ひとりがサクセスキューブをつくりあげることで、決めた目標を達成し、「人生のキューブ」を拡大しながら自信をもち、たくさんの人々のキューブによって組織や社会がつくられ、活動し、成功していくようになる。また、そうした活性度の高い組織や社会が周りの環境を変え、世界を動かしていくようになると確信しています。

今いる場所で自分と向き合い、考え抜いて決定し、明確な意志とヴィジョンをもち、より力強く生きていくことで解決できることは数多くあると考えています。

サクセスキューブがあることで、一人ひとりの行動が変わり、その人が満足できる生き方ができたり、あるべき組織をつくり、成果を挙げ、あらゆる分野で変革が行われる。

私たち人間にはそれができる力があると信じていますし、多くの読者がこれからそれを証明してくれると考えています。

サクセスキューブをつくりはじめるあなたの周りにいる人たちは、イキイキと躍動しているあなたの姿を見て、影響を受け、「あんな生き方をしたい」と思うようになります。

彼らの多くはサクセスキューブづくりの実践者になり、力をつけ、求められて役に立ち、思い通りの人生を生きられて幸せになります。

さらにその気持ちが周りにいる人々に伝播して……と、サクセスキューブのフレームワークが、成功したいと思い、行動する人を増やしていくのです。

私も一人の実践者として、また小さい組織をいくつか運営する者として、いくつもあるつくりかけのサクセスキューブを完成させるとともに、これからも新しいサクセスキューブをつくりあげる人生の旅を、たくさんの素晴らしい仲間と一緒に続けていきたいと思っています。

本書の上梓にあたり、サクセスキューブのコンセプトを一緒に考えてくれた方々をはじめ、多くの方々にご尽力を賜りました。心から感謝し、お礼を申し上げます。
本書で紹介しているサクセスキューブの考え方が、読者の日常行動の一部になり、日々このサクセスキューブを使いながら、それぞれのキラキラした人生を思い通りに、勇気と誇りをもって幸せに生きるための一助になれば、これほど嬉しいことはありません。

2018年9月吉日

石井友二

〈著者プロフィール〉
石井友二（いしい・ともじ）
公認会計士・税理士。中央大学商学部卒業。朝日会計社（現あずさ監査法人）で上場会社監査業務等、安田信託銀行（現みずほ信託銀行）でプライベートバンキング、企業コンサルティングを行ったのち独立。2003年、コンサルティング会社のホワイトボックス株式会社を設立。全国の病院や診療所、一般企業へのコンサルティングを多数実施。また、アセアン進出支援協会を組織し、中国・韓国およびASEAN10か国をまわり50以上の病院を調査。日本の医療機関の東アジアへの進出を支援している。ホワイトボックス株式会社代表取締役、ホワイトヴィークル株式会社取締役、監査法人ブレインワーク代表社員、石井公認会計士事務所所長、株式会社タケエイ監査役、株式会社ブロードリーフ監査役。著書に、『私のマーシーレベルは∞（むげんだい）』（東洋出版）、『ブランドな病院の時代』（杉本浩との共著、アスカビジネスカレッジ）がある。雑誌執筆、講演会多数。

サクセスキューブ
このフレームワークであなたも必ず成功できる

2018年9月5日　第1刷発行

著　者　石井友二
発行者　見城 徹

GENTOSHA

発行所　株式会社 幻冬舎
〒151-0051　東京都渋谷区千駄ヶ谷4-9-7
電話　03(5411)6211(編集)
03(5411)6222(営業)
振替　00120-8-767643
印刷・製本所　中央精版印刷株式会社

検印廃止

ISBN978-4-344-03358-0　C0095
幻冬舎ホームページアドレス　http://www.gentosha.co.jp/

この本に関するご意見・ご感想をメールでお寄せいただく場合は、
comment@gentosha.co.jpまで。